最速2時間でわかる ビジネス・フレームワーク

ぱる出版

フレームワークとは、簡単に使える ビジネスの武器である

みなさんの身の回りでこんな人はいませんか？

・会議やミーティングの場で、スパッと切り口に分けて的確に論点を整理できる。
・プレゼンの場で、論点や根拠を明確にアピールできる。
・意思決定において総合的に分析して判断できる。
・決まったことを着実に実行できる。
・いろいろな角度からのアイデアをすぐに浮かべることができる。

「この人、もともと優秀なのかな」「きっと、経験が豊富なのだろう」と思われるかもしれません。しかし、これは正しくありません。彼らは、単に「**思考の枠組み（観点）**」を持っているだけです。

「思考の枠組み」があれば誰でも高いパフォーマンスを出せるのです。

　この本は、どんな職種であれ、一般のビジネスパーソンが知らなければならないフレームワークをまとめたものです。**フレームワークとは、「思考の枠組み」のことです。** フレームワークを持てば、

何かあったときの整理がしやすくなり、結果が出しやすくなります。また、1つ1つの経験を重ねるたびに、「どうすればなおよかったか」を明らかにでき、実り豊かなものにできます。

　書店のビジネス書のコーナーを覗くと、実に多くのビジネス・フレームワーク本が出版されています。しかしこうした本は、一般の社員のことなどまるで眼中にないし、実際に現場で使えるかどうかも二の次だったりします。なぜか？著者は大抵、外資系コンサルティング・ファーム出身者や総研系のコンサルタントです。彼らは、経営幹部候補生や経営コンサルタントに向けたMBA（経営学修士）本のついででフレームワーク集を書いていることが多いからです。

　一方で、一般の社員向けというと、フレームワーク本ではありませんが、経営者や著名人などが書いた「心構え」的なもの（いわゆる啓蒙書、教訓本）もあります。中にはよいことも書かれているでしょう。しかしながら、こうした本のイタイところは、あくまで個人の経験談や自己主張にとどまってしまっていることです。

　なにか道徳の本のようで、客観的な根拠に乏しいという点では、所詮、上司や先輩の飲み屋での「語り」と同レベルです。また、読者は筆者と同じキャラクターや境遇ではないので、「行動を真似しろ」といわれてもムリがあります（たとえば「リスクを取れ」「自分の夢を追いかけろ」「苦労は勝ってでもしろ」など）。

本書は「世のフレームワーク本」と「教訓集」の欠点を補い、数多くのフレームワークの中から、現場の一般の若手社員のためのフレームワークを厳選したものです。

　選考の基準は、①すぐに使える、②誰でも使える、③妥当性が高い、の3点です。ぜひ、本書を机の引き出しの中に入れておいて、困ったときに使っていただきたいと思います。

　あなたは必ずできる人になる

本書の使い方

　・次のページに「1週間で『できる人』になるための予定表」を掲載していますので、これに沿ってお読みいただくとスムースです。
　・フレームワークを目的に応じてチャプター別に分類しています。ご自分の興味があるところからお読みいただいてもかまいません。またフレームワークごとに「使う目的」を記載していますので、「今の仕事でどのフレームワークが必要なのか」探す際に参考にしてください。
　・フレームワークごとに「必須度」をA・Bで記載しています。
　・冒頭に架空のシーンを設定しています。まず「自分だったらどうするか？」考えていただくと、内容の理解が深まります。
　・巻末に付録として「経営戦略、マーケティングのフレームワーク」を掲載しています。これらは一般のビジネスパーソンの業務で日常的に使うものではありませんので、必要に応じて参照していただければと思います。

『最速2時間でわかるビジネス・フレームワーク』目 次

Chapter 4

コミュニケーションのための
フレームワーク ——— 121

Chapter 5

アイデア発想のための
フレームワーク ——— 153

Chapter 1

思考と
意思決定のための
フレームワーク

Chapter1では、思考と意思決定のためのフレームワークを取り上げます。

　ルーティンワークであれば、ある程度の経験を積めば誰でもできるようになりますが、思考や意思決定は、経験を積むだけで誰でも上手くできるわけではありません。なぜなら、考え方の枠組み、考える方法についての知識が求められるからです。

　一般的なビジネスパーソンの価値とは、思考や意思決定の質で決まると考えてよいです。たとえば上級管理職の報酬が高いのは、専門知識ではなく、高い思考や意思決定の質を期待されているからです。

　私は普段、コンサルティング、ビジネスセミナーや研修、ビジネス資格の受験対策講座などで、幅広い世代のビジネスパーソンの方と数多く接しますが、意外と思考や意思決定の基本的な考え方を知らない方が多いと感じています。思考や意思決定というとなんだか難しそうですが、基本的な考え方を知っていればわりと簡単です。若いうちに思考や意思決定のフレームワークを知っていると、同世代の人たちに比べると、かなり有利になります。

　ビジネスに限らず、私たちの生活は思考と意思決定の連続であり、キャリアを積むに連れその比重は高くなります。思考と意思決定のフレームワークを身につけて、ぜひよい結果を出してください。

1 仮説検証サイクル

必須度 A

期限が迫っている中で ある程度の精度の決論を出す

──シーン──

　旅行代理店に勤務するユタカは、上司から5日間で新しいパッケージ・ツアーの企画書を出すように命じられた。もちろん、提案するツアーの根拠や費用対効果を数字で示さなければならない。

　「とりあえずインターネット上で市場情報に関する統計データや、最近の旅行事情についての記事を片っ端から集めなきゃな」「同期のみんなにも意見を聞いてみよう」「いやいや企画室にも相談していろいろ情報を集めないと。本当に間に合うのかな…」。他にも仕事を抱え、途方にくれたユタカは、どう対処すべきだろうか？

フレームワークの説明

　仮説思考とは、まず先に「こうではないか」という決論を仮において、それに沿った根拠を集め、試してみて、その結果を最初の仮説に反映させて修正をし、仮説をブラッシュアップしていくという思考パターンのことです。

なぜ必要か？

　よくあるパターンは、とりあえず入手できる情報を片っ端から集めるというものです。たとえば、いろいろな人の意見を聞いたり、沢山の雑誌や新聞、書籍にあたったり、ネット情報を検索したりしてしまうことです。場合によっては、時間と費用をかけてアンケート調査までするかもしれません。情報は多いほどよい判断ができるというわけです。

　このやり方がマズイのは、恐ろしく非効率なことです。結局は使わない情報まで集めてしまったり、判断の前提となる情報の入手待ちで態度を保留したり（例：世代別の年間旅行回数と費用総額が分かってから考えよう）、とりあえず集めた数多くの多様な情報を見ても手にあまり、結論が出せなかったりして、時間だけがムダに過ぎていきます。そして、期限直前となって、最終的には、乱暴に「えいや」で1つの結論を出すことになるのです。

　さらに、せっかく時間をかけて仕上げても上司からダメ出しされてまた一からやり直しなんていうことになったら、それまでの苦労は水の泡です。

　仮説思考により、「限られた時間内で効率的にある程度質の高い結論を出す」ことができます。**仮説思考を適切に行うには、①どんなに少ない情報からでも仮説を構築する姿勢、②「○○という条件だったら」といった具合に前提条件を設定して先に進む力、③時間**

を決めてとにかく結論を出す力が求められます。次のような仮説検証サイクルを展開していきます。

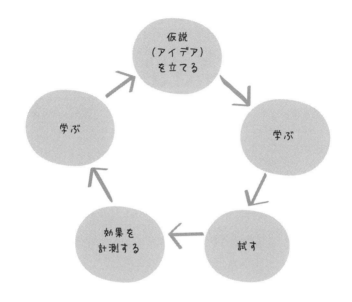

シーンの場合はどうするか？

　今回のシーンでは、まず新サービスの企画を1つたて、ある程度その根拠づけをしたら、さっさと上司に見せて検証してもらい、修正するべきです。そして期限内に仮説が練り上げられるまで、このサイクルを繰り返すのです。1人でうんうんと悩んで抱え込んだら最悪です。

　おおよそ次のようなスケジュール感が考えられます。

コンセプトのラフな私案作成（仮説）	2日めまで
私案を裏付ける情報収集（根拠づける）	
上司にラフ案を提示し反応を見る （試す、効果を測定する）	3日めまで
上司からフィードバックをもらう（学ぶ）	
私案を修正する（仮説の修正）	4日めまで
最終案を上司に再提出する	5日めまで

> **仕事とは「期限内で」「まずまずの成果（完璧な成果ではない）」を上げることである。**
>
> **まず仮説をたて、試して、検証しよう！**

2 重要度・緊急度マトリックス

必須度 A

 使う目的 やるべき事の優先順位をつける

──シーン──

　OA機器販売会社の営業のアイは、入社2年がたち、毎日、忙しく働いている。日々の社内業務や緊急の顧客対応に終われ、将来の大口案件獲得のための種まきの時間がなかなか取れないでいる。

　また、アイはかねてより「TOEIC 900点」の目標があったが、残業に追われる毎日で、十分な勉強時間を確保できていないのが悩みである。

　「こんなんじゃ、いつまでたっても今と変わらないじゃん！」深くため息をするアイに何かいいアドバイスはないだろうか。

フレームワークの説明

　重要度・緊急度マトリックスとは、「自分がやるべきこと」を、重要度と緊急度の2つから整理し、手を付ける優先順位をつけるためのものです。

重要度・緊急度マトリックス

緊急度

	緊急度 高い	緊急度 低い
重要度 高い	＜セル1＞ 重要で緊急 ⇒すぐにやる	＜セル2＞ 重要だが緊急でない ⇒時間を作ってやる
重要度 低い	＜セル3＞ 緊急だが重要ではない ⇒効率化する、 　可能なら誰かに任せる	＜セル4＞ 重要でも緊急でもない ⇒やらない、なくす

なぜ必要か？

　社会人は、上司からの指示や顧客からの問い合わせの対応など、日々の雑務に追われています。確かにこうした仕事はこなさなければいけませんが、そればかりに追われていると、緊急性は低いが長期的に考えれば重要なことがおざなりになってしまったり、将来に向けた種まきができず、ちっとも成長できなかったりといった事態になりかねません。

　頭の中で「いつかやらないとなあ」と考えるだけでは、思いついたときだけやることはあっても、普通は放置されたままです。**まずは、「自分がやるべきこと」を実際に紙などにピックアップして整理し、優先順位をつける必要があります。**

ちなみに、意思決定をする際には、重要度と緊急度に加え、実現可能性を挙げることがあります。「重要性があり、緊急性が高く、実現可能性が高いものから優先的に手をつける」ということです。

シーンの場合はどうするか？

　シーンの場合、次のような形で重要度・緊急度マトリックスを書いてみるとよいでしょう。

アイの重要度・緊急度マトリックス

緊急度

	高い	低い
重要度 高い	・顧客からの問い合わせ対応 ・クレーム処理 ・上司からの指示 ・社内伝票処理 ・掃除、洗濯	・新規顧客開拓 ・語学の勉強 ・異業種交流 ・趣味
重要度 低い	・頻繁な社内連絡 ・重要ではない社内処理 ・重要ではない顧客からの依頼 ・ミスによるやり直し作業	・調整不足による待機時間 ・日常の長電話 ・見込みのない顧客への訪問 ・暇つぶしのネットサーフィン

　当然ですが、「重要度も緊要度も高いもの」は最優先で処理します。「重要度は高いが緊要度は低いもの」については、「緊急だが重

要ではないもの」「重要度も緊要度も低いもの」を極力減らすことで、
時間を確保します。

　また、ほったらかしにしないためには、「1日（あるいは1週間）
でいつやるか」を決めておくとよいです。たとえば、「毎日、出社
前の1時間は必ず語学の勉強をする」「水・木は退社後2時間勉強す
る」といった具合です。

・頭の中を整理するために、まずは「やらないといけな
　いこと」「やるべきこと」を書き出してみるのが大事。
・将来の成長に向けた準備をするために、決まった時間
　を確保すること！

3 帰納法

 観察されたことから偏りのない結論を得る

──シーン──

　ある中堅企業の人事部門に勤務しているユカは、新たな福利厚生制度についての企画書をまとめることになった。

　早速、人事の専門誌を取り寄せて読んでみたところ、社内託児所の特集記事が組まれていた。それによれば大手エレクトロニクス会社、大手通信教育会社、大手消費財メーカーが社内託児所を開設し、女性従業員のモチベーションが上がって業績に貢献しているという。

　「やっぱり、働く女性として仕事と育児と両立は大事だわ」

　ユカは「わが社でも社内託児所を開設すべきである」という趣旨で企画書をまとめようと思っている。

　ユカの考え方に問題はないだろうか？

フレームワークの説明

　帰納法とは、様々な観察事項から導き出される傾向をまとめあげて結論を導くことを言います。

観察事項 1
観察事項 2 ┣ 結論
観察事項 3

　たとえば、「Aさんは朝型で仕事がで

21

きる」「Bさんは朝型で仕事ができる」「Cさんは朝型で仕事ができる」という3つの観察事項から、「朝型の人は仕事ができる」という結論を導き出すといったことです。

なぜ必要か？

人間は日々接する観察事項から、何らかの結論を導き出そうとします。いわば自然と帰納法的な発想をしていると言えます。

しかしながら、帰納法で出した結論は、あくまで1つの仮説にすぎません。試しに次の3つの観察事項から何が結論として言えるか考えてみてください。

・人材紹介会社には中小企業が多い。
・旅行代理店には中小企業が多い。
・不動産仲介業には中小企業が多い

多くの方が、「サービス業は中小企業が多い」という結論をイメージしたのではないでしょうか。しかし他にも「仲介業は中小企業が多い」「許認可制の事業には中小企業が多い」といった結論でも誤りではありません。つまり帰納法の問題点は、解釈によっていかようにでも結論が変わってしまうということです。

帰納法ではサンプル数（観察対象）が少ないと偏った結論になります。よく「私のお客さんが○○と言っているので、会社として対応すべきだ」と主張する人がいますが、「1人だけでしょ。他のお客

さんはどうなんですか？」と思わず突っ込みたくなります。

　帰納法では、できるだけサンプルを多くすることが大事です。先ほどの3人の優秀な朝型の人の例でいうと、他に優秀だけど朝型ではないDさんやEさんが存在すると、「朝型の人は仕事ができる」という結論の妥当性はかなり弱くなります。

　また帰納法で得た結論が必要条件（ある事柄が成立するために必要な条件）に過ぎない可能性もあります。この場合で言うと、たとえ「朝型」が「仕事ができる」の必要な条件であっても、それだけ満たせば高業績にはならないということです。
　他に「勤勉である」「コミュニケーション力が高い」「論理的である」などの条件も同時に満たさなければ「仕事ができる」にならないのであれば、「朝型」は「仕事ができる」の十分な説明根拠にはなりません。

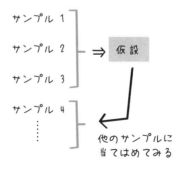

では、仮に3人の観察事項から「朝型の人は仕事ができる」という仮説を出したとして、それが本当に正しいか検証するためにはどうしたらよいでしょうか。

　それは、逆の手順を踏むことです。朝型の人を他に探し出し、その人のパフォーマンスを見るのです。もしほとんどの朝型の人のパフォーマンスが良ければ、「朝型の人は仕事ができる」という仮説は確かだということになります。

シーンの場合はどうするか？

　シーンの場合、まず気になるのは3社しかサンプルがないことです。もう少し社内託児所を設置している会社を調べてみる必要があります。中には女性従業員のモチベーションや業績に何ら貢献していないケースもあるかもしれません。

　また女性従業員のモチベーションを上げる方法は、社内託児所以外にもいろいろ考えられるでしょう。特定の情報源にとらわれず視野を広げて色々な発想をしたいところです。

> 　帰納法ではできるだけ多くのサンプルを調べることが大事。
> 　偏った結論にならないよう注意しよう！

必須度
A

4 演繹法

使う目的 観察したことから
結論を導き、将来を予測する

————シーン————

　シンイチは経営コンサルタントになりたいという夢を叶えるべく、経営コンサルティング会社への転職活動中である。履歴書を送っておいたある会社から面接に来るよう言われた。

　面接官はシニアコンサルタントと人事部門の責任者の2名である。一通り自己紹介と志望動機について聞かれた後、シンイチの大学での専攻が環境学であることに話題が及び、同社のコンサルティングサービスについて意見を求められた。

　シンイチは次のように答えた。

　「御社のクライアントの中には環境問題を意識している企業が多いかと思います。確かにこうした企業は業績がよい傾向があります。クライアントの業績に貢献するために、御社も環境経営のコンサルティングに力を入れるべきだと考えます。」

　結果は、残念ながら不採用であった。「もしかして質問に対する回答がイマイチだったのかな…」と落ち込むシンイチであった。

　マコトの主張の何がいけなかったのだろうか？

フレームワークの説明

　演繹法とは、いわゆる三段論法のことです。「ある観察事項をルール・一般論に当てはめて何らかの結論を得る」という論理展開を行います。ルール・一般論は、社会常識や個人の知見が該当します。

　例1）　観察事項…Aさんは人間である。
　　　　一般論…人間は必ず死ぬ（社会常識）。
　　　　結論…Aさんは必ず死ぬ

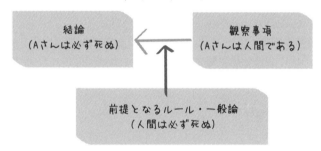

演繹法の構造

結論
（Aさんは必ず死ぬ）

観察事項
（Aさんは人間である）

前提となるルール・一般論
（人間は必ず死ぬ）

　例2）　観察事項…B君は素直だ。
　　　　一般論…素直な人間は成長する（個人的な知見）。
　　　　結論…B君はきっと出世するだろう。

＜なぜ必要か？＞

　演繹法は、主に観察したことをルールや一般論に当てはめて、将来を予測することに用います。みなさんも演繹法という言葉は知ら

なくても日常的に自然と行っているでしょう。

　演繹法では、観察事項を正しい一般論に当てはめれば必ず正しい結論が得られます。しかし、前提となる一般論が誤っていれば、必ず誤った結論が導き出されます。これは一般論が主に帰納法による結論だからです。「帰納法」で触れたように、帰納法で得られた結論は必ずしも正しいとは限りません。

演繹法の構造 2

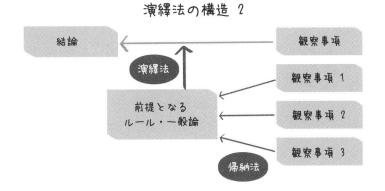

　たとえば先に挙げた例2）で言えば、仮に「B君は素直だ」ということが事実だとしても、「素直な人間は成長する」は単に個人的な経験から得られた意見にすぎないかもしれません。人間が成長するためには、他の性格や知性などいろいろな要因があるからです。よって、結論である「B君はきっと出世するだろう」も妥当とは言えません。

　他の誤った演繹法の例を取り上げてみます。

例3)　観察事項…日本は少子高齢化である。
　　　一般論…少子高齢化の国は経済成長できない（社会常識）。
　　　結論…日本は経済成長できない。

　これもよくマスメディアでは言われていることですが、前提となる一般論が誤っています。確かに日本では少子高齢化が進んでいますが、少子高齢化は他の先進国でも見られます。このうち日本だけが経済成長していません。

　他人の話で「論理の飛躍があるな」と感じることはありませんか？これは本人としては主張の前提となる一般論があるのですが、それが明らかにされていないからです。このような場合には、その人の一般論を明らかにしてもらうとともに、その一般論が正しいか検証する必要があります。

　たとえば上司が「若手社員は文章表現を高めるために毎日必ず新聞を読むべきだ」と主張したとします。その背景にある前提にはおそらく「毎日必ず新聞を読めば文章に慣れるので文章表現力が身に付く」ということでしょう。しかしながら、その前提は正しいとは限りません。おそらく「文章に慣れるので文章表現力が身に付く」ことは正しいでしょうが、新聞以外にも書籍や雑誌、ネット記事など文章に触れる機会はいくらでもあるからです。

人は「他人も自分と同じ前提を持っている」と考えがちですが、実際はそうでもなく、前提を確認しておかないと上手くコミュニケーションがとれなくなる可能性があることには注意しましょう。

また演繹法で思考する際には、自分の持っている前提知識が果たして正しいのかよく確認する必要があります。

シーンの場合はどうするか？

シンイチの主張は次の構造によって成り立っています。

観察事項…クライアントの中には環境問題を意識している企業が多い。

一般論…こうした企業は業績がよい傾向がある。

結論…クライアント企業に環境経営のコンサルティングをすれば業績がよくなる（よって御社も環境経営のコンサルティングに力を入れるべきだ）。

この場合、前提となる一般論に誤りがあります。企業の業績は、経済環境、国内市場の状況、同業他社の動向、技術の進展、企業の戦略、内部管理方式など様々なものに影響されます。環境経営のみにフォーカスして企業業績を語るのは少し強引な気がします。よって、「クライアント企業に環境経営のコンサルティングをすれば業績がよくなる」という主張は妥当性に欠けます（「ニーズがあるから環境経営のコンサルティングをやれば御社が儲かる」という主張

なら妥当性がありますが)。

　※ちなみに仮に「環境経営を行っている企業は業績がよい」が正しいとしても、「だから環境経営を行うべきであるという主張はいささか妥当性に欠けます。業績がよいから資金に余裕があり、コストがかかる環境経営を行えるだけであって、環境経営を行ったから業績がよいとは限らないからです。このことはChapter3の「4.因果関係の3条件（時間的順序関係)」で触れます。

> ・演繹法は「観察したことをルールや一般論に当てはめて、
>   将来を予測すること」に用いる技法。
> ・前提となるルールや一般論が正しいことが絶対条件で
>   ある。

必須度
A

5 MECE

全体を「モレなく」「ダブリなく」
分けて検討する

——シーン——

　化粧品メーカーに入社したハルキは、このたび女性向け新商品の企画を任されることになった。新商品の企画にあたっては、ターゲットとなる顧客層の選択が大事である。ハルキは、女性層を「学生・20代・30代・40代」とに分けて、それぞれの層の特性と、見込み販売数を整理し、ミーティングに臨んだ。

　しかしながら、上司からは、「その見込み顧客層の分け方には問題があるよ。もう一度、整理して発表してくれる？」とダメ出しをされてしまった。

　ハルキは、どのような点に注意して顧客層を分類すべきだったのだろうか？

フレームワークの説明

　MECE（ミーシー、またはミッシー）とは、「Mutually Exclusive and Collectively Exhaustive」の略で、全体をいくつかのパートに分割して分析する際に「モレなくダブリなく」分けることを意味します。

なぜ必要か？

　何か意思決定をする際には、関連する要素を網羅する必要があります。MECEは、各要素（切り口）が互いに重複することなく、漏れなく抽出することを意味します。

　たとえば新商品の企画を提案する際に、顧客層を、「学生・20代・30代・40代」と分けることはMECEではありません。学生と20代（場合によっては30代や40代）がかぶりますし、その他の世代が漏れているからです。重複や漏れがあると、提案の根拠が弱くなり、説得力を失うことになります。一方、顧客層をすべての年代で分けることは、モレもダブリもないので、MECEになります。

　また、「学生、主婦、キャリアウーマン」に分けることも、MECEではない例です。家庭をもって非正規雇用で働いている女性は多いですし、場合によっては学生と主婦を兼ねている人もいるでしょう。独身でパートで働いている方はどこに所属するのかといった問題もあります。

　このように適切にMECEを行うのは意外と難しかったりします。実務的には意味のある切り分けが大事で、過度に「モレなくダブリなく」を追求するのは非効率ですから、ある程度のモレやダブリは許容されます。

　MECEには、次の3つのパターンがあります。

① 要素型MECE

全体を構成する要素にモレなくダブリなく分解したものです。
3C、4P、CFT（付録を参照）などフレームワークの多くはこれに当たります。

② プロセス型MECE

取引や業務のプロセスごとに分解するものです。

例）バリューチェーン

開発⇒資材調達⇒製造⇒マーケティング⇒販売⇒物流⇒アフターサービス

例）サプライチェーン

サプライヤー⇒完成品メーカー⇒卸⇒小売⇒ユーザー

例）生産

設計⇒調達⇒作業

例）工程

第1工程⇒第2工程⇒第3工程⇒検査

③ 構造型MECE

要素型と似ていますが、要素間のかかわりも考慮したものです。

例）SWOT（クロスSWOT）分析（付録参照）

例）5フォースモデル（付録参照）

例）重要度・緊急度マトリックス（Chapter1-2参照）

また、切り口をあまり多くするとくどくなるので、多くても4～

5程度に収めるようにします。

シーンの場合はどうするか？

　商品企画において、顧客層を分類する際には、次のような分け方があります。

変数（切り口）		例
地理的変数	地方	関東、関西、中部、東北、北海道、中国、九州、四国
	気候	寒暖、季節など
	人口密度	都市部、郊外、地方など
人口動態変数	年齢	少年、若者、中年、高齢者など 10代、20代、30代、40代…
	性別	男性、女性
	家族構成	既婚、未婚など
	所得	300万円未満、300〜500万円未満、500〜700万円未満、 700〜1000万円未満、1000〜1500万円未満、 1500〜2000万円未満、2000万円以上
	職業	会社員（正社員）、会社員（契約社員）、公務員、 自営業・自由業、会社役員・経営者、パート・アルバイト、 学生、専業主婦（夫）、年金、無職
心理的変数	ライフスタイル	スポーツ好き、アウトドア志向など
	パーソナリティ	新しいもの好き、保守的など
行動変数	ベネフィット （顧客にとっての便益）	経済性（価格重視）、機能性、 プレステージ（贅沢さ、特別感）など
	使用率	ノンユーザー、ライトユーザー、 ヘビーユーザーなど

この中で、特に注目したいのは、ベネフィット（顧客にとっての便益）です。たとえば同じ年齢層の女性であっても、商品に求める価値は人それぞれです。「20代はこうだろう」「30代はこうだろう」と紋切り型でくくってもあまり意味がありません。年齢を問わず、経済性を重視する人はいますし、プレステージを重視する人はいます。

・全体をいくつかのパートに分割して分析したいときには、「モレなくダブリなく」分けることに気をつける。
・その際にはフレームワークを使うことが有効！

6 ピラミッド・ストラクチャー

必須度
A

 使う目的 主張や考えの根拠を
階層的に整理する

───シーン───

　マキは中小シューズメーカーのマーケティングを担当している。このたび同社では立ち仕事が多い女性の足にやさしいパンプスを開発した。ファッション性と機能性に優れた自信作である。外部のデザイナーや素材メーカーとの共同開発で社運をかけた一足である。

　ある日、マキの下に国内最大級のシューズ展示会□□EXPOの案内が届いた。マキとしては、この際是非出店したいと思い、社長宛にメールを送った。

　○○社長
　お疲れ様です。

　先日、□□EXPOのDMが私のところに届きました。今回の新製品の売り込みのよい機会になりますので、是非、出展の申し込みをしたいと考えています。今なら先行予約キャンペーン中で割引が効き、出展料が20％オフになるそうです。

　来月から出展申し込みが開始されるので、早急にご承認ください。よろしくお願いします。

　展示会期間：本年3月20日から3月23日
　会場：××国際展示場

費用：２００万円（販促物制作費等を含む）

マキ

　翌日、出社すると社長からの返信が来ていた。「熱意はわかるけど、なぜ他の展示会ではダメなの？そもそもうちは展示会の出展の経験もないし、割引が効いても予算的に厳しいかな。もう少しきちんとした形で企画書を出してくれる？」

　マキのメールのどこが問題だったのか？また社長を説得するためにはどのような企画書を提出するべきだろうか？

フレームワークの説明

　ピラミッド・ストラクチャーとは、メッセージ（結論）とそれを支える根拠の基本構成のことです。

ピラミッド・ストラクチャー

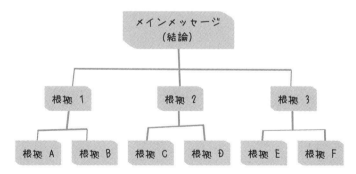

上記の例では、メインメッセージの直接的な根拠が1から3まで
で、根拠1から3までの各根拠を2つの根拠が支えています。

なぜ必要か？

　メッセージに説得力を持たせるためには根拠が必要です。さらに
根拠は複数あったほうが説得力を増します。しかしながら、根拠を
単に羅列するだけでは、メッセージの受け手の混乱を招きます。

　ピラミッド・ストラクチャーは、相手に伝わりやすいように、メ
インメッセージを支える根拠を階層的に整理するためのフレーム
ワークです。

　また、次の場合でも使用することができます。

・観察された様々な事象から1つの結論を導きだす（下から上へ
　の流れ）。
・全体を構成する部分に分解して原因や実施策を考える（上から
　下への流れ）。

　次の図は、「利益の減少要因」を階層的に示したものです。根拠
はMECE（モレなくダブリなく）で示します。整合性をとるためには、
根拠を構成したあと、上から下へは「Why so ？（なぜなら）」下か
ら上へは「So what ？（だから）」の関係でつながっているか確認
します。

利益低下の構造

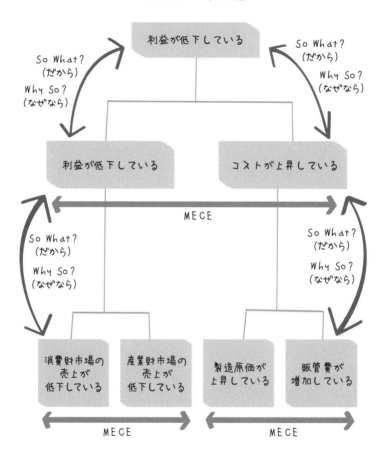

次の例は、小売店において売上の要因を分解し向上策を考えた場合のものです。

売上向上策の展開

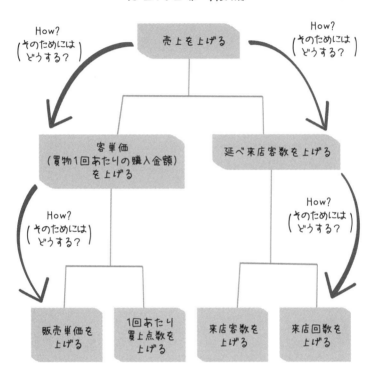

シーンの場合はどうするか？

　シーンの場合、まずマキのメールの内容だけでは根拠が不十分です。次の例では、「□□EXPOの出展を行うべきだ」をメインメッセージとし、根拠を「重要度」「緊急度」「実現可能性」の3つで構成したものです。

展示会出展の論理構成（例）

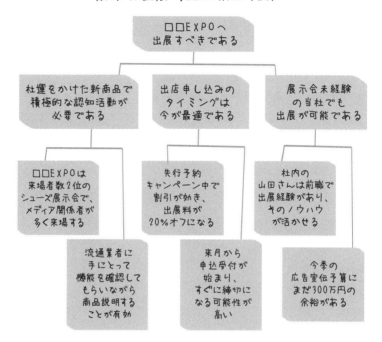

あとは実際に企画書として記述すればよいです。

□□EXPO出展企画書

　新商品パンプスの販売促進に当たり、□□EXPOへの出展を企画しますので、ご承認をお願いいたします。

<理由>
　この度の新商品は社運がかかっており、販促に当たり積極的な認
知活動が必要（重要度）
・□□EXPOは来場者数2位のシューズ展示会で、メディア関係者
　が多く来場する。
・流通業者に実際に手にとって機能を確認してもらいながら商品
　説明することが有効である。

出店申し込みは今がタイミング（緊急度）
・先行予約キャンペーン中で割引が効き、出展料が20%オフになる。
・来月から申し込み受付が始まり、すぐに締切になる可能性が高い。

展示会未経験の当社でも出展可能（実現可能性）
・社内の山田主任は前職で出展経験があり、そのノウハウが活か
　せる。
・広告宣伝予算にまだ300万円余裕がある。

・メッセージの根拠はピラミッド・ストラクチャーで構
　成する。
・根拠を「モレなくダブリなく」示し、「だから」「なぜなら」
　で因果関係をチェックすること！

7 システム1と システム2

 感情や直感に左右されることなく
合理的に判断する

――シーン――

　部品メーカーの営業マンのサトシは、取引先である大手メーカーX社の調達部門から呼び出された。応接室に通されると、いつものY主任のほかに、Z課長も同席している。（以下、その時のやりとり）

　Y主任：急に呼び出してすいませんね。他でもない、先日提示していただいた来期分の件で要望がありましてね。見積だと1億円でしたね。

　サトシ：はい。来期も取引を継続していただけるのであればと、思い切った金額を出させていただきました。

　Y主任：それはありがたいですね。しかしうちも最近の海外市場の低迷を受け非常厳しい状況でしてね。どうでしょう、7,500万円では？それしかうちも予算が取れないんですよ。

　サトシ：えっー、7,500万円ですか。すでにかなり無理していますし、それはちょっと無理です。

　Z課長：う～ん、それは困りましたなあ。それでは御社との取引も考えないと…。では、8,000万円では？

　サトシ：本当にそれでは上司の承認が得られません。弱ったなあ…、ぎりぎり頑張って8,500万円でどうにかなりませんでしょうか。なんとか上司を説得してみます。

Z課長：まあ、急なお願いだし今回は仕方がないですね。分かりました。それでは痛み分けということでうちも我慢しましょう。

安易に値引きに応じてしまったサトシのどこが問題だったか？またどう対応すべきだっただろうか？

フレームワークの説明

　行動経済学者のダニエル・カーネマンとエイモス・トベルスキーは、「人は大きく2種類の意思決定の過程（システム）がある」ことを明らかにしました。

　＜システム1＞

　ある外的な刺激を受けた時に、「早く、とっさに、自動的に、思考に負担をかけずに、無意識に行われる意思決定」のことです。**要は直感**です。

　＜システム2＞

　ある外部刺激を受けた場合に、「時間をかけて、段階的に、思考をめぐらせながら、意識的に行う意思決定」のことです。**要は論理的思考**です。

なぜ必要か？

　人間は、いちいち時間をかけて意思決定をしているわけではあり

ません。たとえば、前からオートバイが猛スピードで走ってきたら、直感的に避けるでしょう。また過去の自分の経験に照らし合わせて感覚的に判断することはよくあります。

しかし何も考えずにただ直感に頼りすぎると、当然、失敗することもあります。人間の直感には偏り（バイアス）があるからです。代表的なバイアスをいくつかご紹介します。

●自信過剰バイアス
自らの知識や能力を過大に評価し過剰な自信を持ってしまうこと。「自分だったら上手くやれるはず」と過信してしまうことはよくあります。

ある調査で男性に自分の運転レベルを「上手」「平均レベル」「下手」で評価してもらったところ、実に8割以上が「上手」と答えたそうです。自信過剰は男性に多く見られます。

●保有効果
自分が所有するものに高い価値を感じ、手放したくないと感じる現象のこと。カーネマンは学生たちを集めて次の実験を行いました。

・ Aグループの学生には大学のマグカップ（6ドルで販売されている）を無料であげ、Bグループの学生にはあげなかった。
・ Aグループの学生には「いくらだったらそのカップを売ってもよいか？」とたずね、Bグループの学生には「いくらだったらカッ

プを買うか？」とたずねた。

　結果は、Aグループの学生の売値の平均は7，12ドルで、Bグループの学生の買値の平均は2．87ドルでした。一度自分のものになると過度に入れ込んで失いたくないという心理が働くのです。

●代表性バイアス

　特定のカテゴリーに典型的と思われることの確率を過大に評価してしまうこと。次の質問に直感的に答えてみてください。

　「明子さんは、独身で1人暮らしです。内気な性格で小さいころから読書が大好きです。さて、P子さんの職業は販売店員と図書館司書のどちらでしょうか？」

　思わず図書館司書を選んでしまいそうですが、販売店員の可能性のほうが圧倒的に大きいです。現在、女性販売員は約210万人存在するのに対し、図書館司書は男女合計でも8千人程度しかいません。

●アンカリング

　最初にある一定の数値などを提示されると、それを基準に検討してしまうこと。
　たとえばアルバイトの時給交渉で、雇い主から最初に1,000円でどうかと言われてしまうと、それが基準（アンカー＝錨）となってしまいます。その結果、自分としては最初1,100円は欲しいと思っ

ていたのに、交渉の結果、950円で落ち着いても「まあ、いいか」
と思ってしまったりします。

●利用可能性バイアス

思い出しやすい記憶に優先的に頼って判断してしまうこと。

たとえば「死因で脳卒中と事故ではどちらが多いか」と質問する
と、8割の人は事故のほうが多いと答えるそうです（実際には脳卒
中の死者はあらゆる事故の死者の2倍多い）。テレビなどでよく目に
する事故がすぐに思い出されるため過度に多いように思えてしまう
からです。

●ハロー効果

モノや人を評価する時に、ある特徴的な一面に影響され、その他
の側面に対しても同じように評価してしまうこと。

たとえば「彼は難関大学卒なので真面目で仕事もできるだろう」
と判断してしまうといったことです。

人間の直感にはバイアスがあるものだという前提で自分の判断が
本当に適切なのか検証したいところです。

シーンの場合はどうするか？

シーンの場合、サトシは典型的なアンカリングの罠にはまってし
まったと言えます。最初にY主任から提示された7,500万円という金
額にとらわれてしまい、それを基準に交渉してしまいました。

アンカリングの罠はとても強力ですが、次のような対処が考えられます。

●アンカーを無視する

交渉においては、アンカーが議論されるほど、その影響力が強まる傾向があります。よってきるだけ無視するのが一番です。「ご要望は分かりました。今後、時間をかけて話し合いましょう」などと切り返します。

●アンカリングの危険性を認識する

相手がアンカリングでこちらに影響を及ぼそうとしている事実を認識するだけでも罠にかかりにくくなります。

●対案（カウンター・アンカー）を示す

相手のアンカーを無視したり退けたりできない場合、こちらから大胆な対案を示すことで相手のアンカーの影響力を打ち消します（例：「正直うちも厳しいので1,100万円に上げて欲しいくらいです」）。

ただし、双方が法外な提案をすると、交渉が行き詰まるおそれがあります。このリスクを緩和するためには、まず大胆な対案で相手方のアンカーを打ち消し、その上で、互いに溝を埋める努力をしようと提案することです。

●相手の面目を保つために時間的猶予を与える

むげに断ると相手がへそをまげたり、意固地になったりする可能性があります。相手も一度提案してしまった以上はなかなか引っ込みがつかないかもしれません。

　このような場合には、相手に時間的な猶予を与え、強気の提案を撤回する手助けをしてあげる必要があります。たとえば、「私どもとしては価格の計算根拠を○○のように考えています。このような観点からもう一度ゆっくりお考えいただくわけにはいきませんでしょうか？」などと提案するのです。

・人間の直感にはバイアスがある。

・自分の直感を一度引いた立場で疑って見ることが大事！

8 6つの影響力

必須度
B

 使う目的
**無意識の感情を意識して
適切な判断を行う**

───シーン───

　中小のITベンダーの人事部に勤めるマナブは社員研修の企画を担当している。研修テーマのリサーチのために大手シンクタンクのX総研のセミナーに参加した。

　前半はメディアでお馴染みの人気エコノミストによる現在の労働市場に関する講演であり、マナブは大いに話に引き込まれた。後半は前半の内容に沿ったX総研の生産性向上に関する研修プログラムの紹介であり、こちらも説得力があるものであった。

　「今日のセミナーはすごくよかったな。確かにうちのような会社は優秀な人材は採用しにくいし、社員の生産性向上は必要だ。大手の金融機関やメーカーでも採用されているようだし、X総研の研修プログラムを採用するよう部長に提案してみよう！」

　果たしてマナブのこの判断は正しいだろうか？

フレームワークの説明

　心理学者のロバート・B・チャルディーニによれば、人に影響を与える要因には次の6つがあります。

①返報性の原理

他人から何らかの施しを受けた場合に、お返しをしなければならないという感情を抱くこと

②コミットメントと一貫性の原則

人は自身の行動、発言、態度、信念などに対して一貫したものとしたい（あるいは一貫していると見られたい）という心理が働く。

③社会的証明の原則

人は行動するとき、または何かを決定するとき、他の人の行動を意識しながら決める。

④好意の原則

人は、魅力的な人物や、自分と共通点がある人の言うことを聞いてしまう。

⑤権威の原則

人は専門家の言うことだと聞いてしまう。

⑥希少性の原則

人は希少なものと認識したものに価値を見出す。

なぜ必要か？

「システム1・システム2」で人間の持つ直感・感情的な判断のバイアスについて取り上げましたが、その直感・感情の背後にあるのが6つの影響力です。必ずしも直感や感情による意思決定が悪いわけではありませんが、**あまりに偏りがある非合理的な判断を避けるためには、直感や感情への影響要因を知っておくとよいでしょう。**

それぞれの影響力について具体例を紹介します。

①返報性の原理

たとえば、「贈り物をもらうとどこかでお返ししなければならないと思う」といったことがあります。また、相手が譲歩すると、こちらも別の部分で譲歩しなければならないと思うというのもこの例です。営業取引で、「納期面では譲歩するから、価格はあと10%下げてくれ」と要求すると、相手の営業担当者は多少断りにくいのではないでしょうか。

②コミットメントと一貫性の原則

身近な例としては、一度「YES」と言ってしまったら、「YES」を通したいと思ってしまうといったケースです。一度簡単なアンケートに回答するのを承諾してしまうと（最初の「Yes」）その後の売り込みを断りにくくなる（「YES」の立場を維持したくなる）といった経験があるかもしれません。

③社会的証明の原則

お店でどれを買おうかどうか迷っている時に、店のスタッフから、「これが一番人気ですよ」などと言われれば、その商品を選ぶ可能性が高いでしょう。

また、役所等で面倒な手続きをしなければならないと言われて渋っていると、「みなさまにも同様のお願いをしております」と言われたら、従うしかないでしょう。

④好意の原則

名前が同じ、出身が同じ、趣味が同じなど共通点がある人には好感を抱きやすく、その人の意見に影響を受けてしまいます。

⑤権威の原則

これは広告でいわゆる専門家のコメントが載っていることをイメージすればわかると思います。

本当にその分野の専門家であればよいのですが、単に専門家というだけで影響を受けてしまうとしたら問題です。たとえば経済問題について、法律の専門家である弁護士の意見をありがたがるのは合理的とは言えません。

⑥希少性の原則

人は「現品限り」「限定品」「期間限定」「締切迫る」という言葉に弱いものです。

シーンの場合はどうするか？

セミナーに引き込まれるあまり、マナブは、6つの影響力のうち、次の3つの影響を受けてしまったと考えられます。

研修に実績がある大手シンクタンクX総研の研修プログラムであり、メディアを通じてよく見たことがある（その結果、好意を持っている）著名なエコノミストがすすめるのだから「きっと内容的に優れたものだろう」という先入観があったはずです。

よって無批判にその内容を受け入れてしまったと思われます。5つの影響力のうち、社会的証明の原則、好意の原則、権威の原則が働いてしまったのです。

　研修の目的は、あくまで「自社の経営課題を解消するための知識・スキルの獲得」です。よって「この研修プログラムは自社に本当に必要か？」を考える必要があります。X総研の研修プログラムは大手の金融機関やメーカーには妥当なものかもしれませんが、中小のITベンダーには必ずしもそうではないかもしれません。

> ・人は返報性の原理、コミットメントと一貫性の原則、社会的証明の原則、好意の原則、権威の原則、希少性の原則の影響を受けやすい。
> ・自分が影響を受けてないか冷静に振り返ることが大切！

システム・シンキング

必須度
B

 使う目的 問題や課題の構造を適切に見極めて
好循環を作りあげる

――シーン――

　広告会社に勤めるヨシタカは慢性的に長時間仕事をしている。プロジェクトが始まると業務が重なり、どうしても作業が遅れがちになる。途中段階で挽回しようと深夜残業や休日出勤で作業時間を確保し、一時的にはなんとか遅れを挽回するのだが、いかんせん精神的にも肉体的にも疲れが溜まり、仕事の生産性が落ちてしまう。1つの仕事を終えるのに時間が余計にかかってしまうのだ。プロジェクトが振られるたびにこのような悪循環に陥っている。

　上司としてもこのような状況を見かねて新入社員にサポートさせようかと言ってくれているが、ヨシタカは「新入社員に自分の仕事を一から教え込むだけで時間がかかるのでかえって非効率になると」思っている。

　悪循環の核となる原因はどこにあり、どのような対処が
考えられるだろうか？

フレームワークの説明

　システム・シンキングとは、個々が相互に作用・影響し合う対象全体を統一的・包括的にとらえる思考法のことです。次のようなフィードバック・ループを描き全体の構造を理解し対策を考えます。

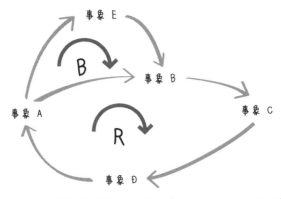

フィードバック・ループ

事象 E
B
事象 B
事象 A
R
事象 C
事象 D

R （Reinforce 拡張フィードバック・ループ）＝変化方向をより強化するループ
B （Balance バランス・フィードバック・ループ）＝変化を打ち消す、安定化させるループ

なぜ必要か？

システム・シンキングでは、次のことが可能になります。

・個々の要素だけでなく、その連鎖や全体への影響について考える
　ことができる。
・時間の経過による事態の変化について考えることができる。
・意思決定の際に、その中長期的な影響や「副作用」について考え
　ることができる。

低価格による効果を考えてみます。低価格にすれば販売数量が増
えて生産量が拡大し、スケールメリットによる1個当たりの製造コ

ストが下げられます。1個あたりの製造コストが下げられればさらなる低価格が可能となり販売数量が増加して…といったような好循環が期待できます。

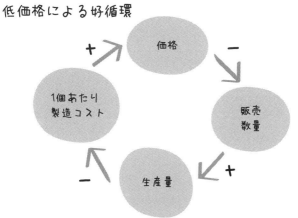

低価格による好循環

なお、システム・シンキングでは、
変化の影響の向きを「＋」「－」で表し、
同じ方向に動くときは「＋」（販売数量↑ ⇒ 生産量↑）、
逆の方向に動くときは「－」（価格↓ ⇒ 販売数量↑）で表します。

　さて、ここまでは低価格は好循環を生じさせるので望ましいように思えます。しかしながら、低価格の弊害もあるはずです。たとえばしばらくするうちに「安かろう悪かろう」のイメージがついたり、巷に溢れすぎてしまったりすることでブランドイメージが低下してしまい、敬遠されてしまったりすることは考えられます。

これを図で示すと、次のような循環になります。

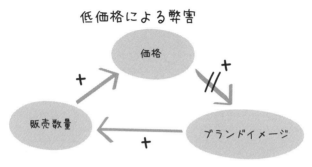

低価格による弊害

価格

販売数量

ブランドイメージ

影響がでるまでに時間がかかる場合は「//」をつける

つまり低価格化は販売数量増加のループがあるものの、やがては減少させるループも併せ持ちます。2つのループを合体させると次のようになります。

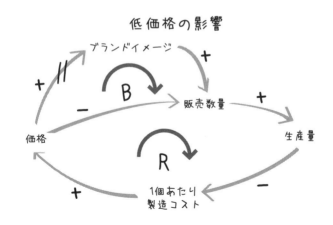

低価格の影響

ブランドイメージ

B

販売数量

価格

生産量

R

1個あたり
製造コスト

このようにフィードバック・ループを描くことで、低価格の時間の経過による事態の変化や副作用を含めた全体の構造を適切にとらえることができます。この場合は、プラス面とマイナス面（副作用）の大きさを考慮して低価格化するのかどうか判断したり、中長期的に表れる副作用を踏まえてそのマイナス面を和らげる策を講じたりすることになります。

シーンの場合はどうするか？

シーンの場合、長時間労働の構造をフィードバック・ループ図で描くと、次のようになります。

フィードバック・ループ図上のどの部分に働きかけても循環が強化されるだけで何も解決しません。よってループの外部から別の要素を加えることになります。

ループ図をみると悪循環の核となる原因は「仕事量」と言えそうです。仕事量が減れば結果的に仕事時間が減って疲労による生産性の低下も生じません。

対策としては上司の言うようにサポートの人員を投入することが考えられます。ヨシタカの懸念どおり、確かに一時的には非効率になるかもしれませんが、新入社員が慣れてくれば戦力となり、今後のプロジェクトにおけるヨシタカの仕事量削減に大いに貢献することが期待できるからです。

長時間労働の構造

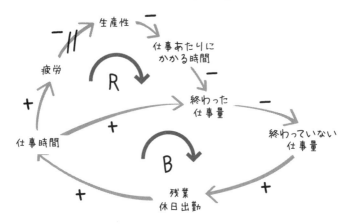

- 全体の構造を把握するには、各要素間の影響、時間経過による変化、中長期的な副作用を考慮してフィードバック・ループ図を描いてみる。
- 悪循環に陥っている場合は、ループの外から別の要素を加えてみること！

Chapter

2

計画のための
フレームワーク

Chapter2では、計画のためのフレームワークを取り上げます。ちなみに計画（プランニング）とは、方針に基づいて「方法や手順を明らかにすること」です。つまり「どうやるか」を具体化する作業です。

　ミーティングで「その企画いいね♪」「よし、やろう！」ということになり、やることが決まっても、その後、何もアクションが行われなかったり、最初のうちだけ熱心に取り組んでも、そのうち尻つぼみになったりして自然消滅してしまうケースが多いです。このことは、職場に限らず、個人の場合でもよく生じます。

　自然消滅するのはプランニングの段階で、決めるべきことが明らかになっていなかったり、決めていなかったりすることが原因です。

　ビジネスにおいては、方針を決めただけでは何も意味はなく、実行しなければいけません。また、実行後の結果を当初の計画と照らし合わせて評価しなければ、改善にもつながりません。ここでは、「アクションを起こすために、計画の段階で決めておかなければならないこと」「よい計画ための条件」「計画作成にあたってのツール」「実行したあとに振り返るべきこと」について、フレームワークを使って説明していきます。

必須度
A

1 PDCA

 一度決めたことを確実に実行する

> ——シーン——
>
> 医薬品メーカーのMR（医薬品の営業担当者）のクニヒコは、大学病院を担当している。昨年度の販売実績がノルマに達しなかったため、本年度は是が非でもノルマを達成しなければと意気込んでいる。
>
> 「まずは訪問頻度を上げなくちゃな」「医師の先生になんとかアポイントをとらないと」「提案内容の質を上げる必要があるな」と思いついたことを片っ端からやることにした。
>
> 自分なりに闇雲に頑張ったつもりであるが、半年経ってもなかなか売上実績が上がらない。気合だけが空回りして場当たり的になってしまい、個々の営業スキルが上がっていないことに苛立ちすら感じている。
>
> これから巻き返しを図りたいクニヒコが、個々の営業スキルを上げつつ販売実績を上げるためには、何が必要だろうか？

<フレームワークの説明>

PDCAとは、Plan（計画）、Do（実行）、Check（測定・評価）、Action（対策・改善）の一連のプロセスからなるマネジメントの考え方です。決められたミッション（課題、目的）を着実に実現する

ためのツールです。

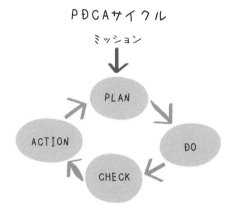

PDCAサイクル

ミッション

PLAN

DO

CHECK

ACTION

①目標を設定し、それを具体的な計画に落とし込む（Plan）

②次に組織構造と人員を配置し、組織メンバーの動機づけを図り、具体的な行動を指揮・命令する（Do）

③途中で成果を測定・評価する（Check）

④必要に応じて修正を加える（Action）

1つのサイクルが終わったら、反省点を踏まえて再計画のプロセスに入り、次期もまた新たなPDCAサイクルに入ります。

なぜ必要か？

一度決めたのに実行されない、実行できない、尻つぼみになるということがよくあります。ほとんどの場合、その理由は、「計画段階での作り込みが甘い」か「やりっぱなしで途中段階での評価がな

されていないか」のいずれかです。このような事態に陥るのを防ぐためには、PDCAの手順に沿ってマネジメントする必要があります。

（1）PLAN（計画）

計画とは、実行するための仕掛けや段取りをつける作業です。大元となるプラン（主計画）を立て、必要なヒト・モノ・カネ・情報を調達して割り振り（リソース計画）、主計画を細分化したアクションプラン（実行計画）に落とし込みます。

特に目標達成まで時間がかかる計画は期間ごとの計画、複雑な過程を経る計画の場合はタスクごとの計画といったように計画の細分

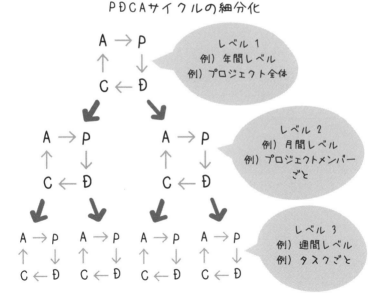

PDCAサイクルの細分化

化が必要です。

　たとえば1年程度と長い期間のプロジェクトであれば、月間の計画、さらに1週間単位（最低でも2週間単位）の計画を立てるべきでしょう。プロジェクトであれば、プロジェクトメンバーごと、タスク（作業）ごとに落とし込みます。

　計画は最初の段階ですから、これが適切に設定されていないと後の活動はすべて台無しになります。「具体的にどのように行動すればいいのかが明確になるような計画」、「何をどこまで達成できればよいのかがイメージできる計画」が求められます。

　製造業の生産管理では、生産計画を手順計画・工数計画・日程計画の順に検討します。

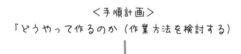

＜手順計画＞
「どうやって作るのか（作業方法を検討する）

＜工数計画＞
「必要な人員と設備は何か？」「どれくらい必要か？」を検討する

＜日程計画＞
いつまでに何個作るかを検討する

　このことは、ビジネスの計画全般に共通して言えます。「方法の

明確化」「必要資源の算出と確保」「スケジューリング」の順で検討しましょう。

（2）DO（実行）

重要度・緊急度マトリックス（Chapter1-2参照）を使って優先順位が高いアクションプランから順に実行します。

人は計画を立ててもなかなか実行に移さず、その結果、最後にバタバタしてしまい雑になる、期限が守れなくなるといった傾向があります。さらに計画実行の課程で不測事態が生じ計画どおりにいかないことはよくあります。期限が守れなくなることを回避するためには前倒しで作業するよう心がけたいところです。

（3）CHECK（評価）

評価は「どこまで行ったか」の進捗管理だけではなく、次の改善活動につながるためのものでなくてはなりません。そのためには結果・プロセス・ノウハウの3つの観点から評価する必要があります。

●結果の評価

売上や利益、コスト削減額、リードタイム短縮期間、不良率の改善度合いなどの定量評価が中心となります。

●プロセスの評価

望ましい手順を経ているか評価します。結果が出ていなくても適切なプロセスを経ていれば責任は問わないのが基本です。

●ノウハウの評価

プロジェクトを行うことで蓄積されたノウハウを評価します。

こちらもできれば計画段階で結果、プロセス、ノウハウの目標を設定しておくことが望まれます。

（4）ACTION（改善）

評価の結果、必要があれば修正を加えます。比較的順調な場合は部分修正でよいでしょうが、そもそも計画そのものがマズかった場合は計画の抜本的な見直しが必要になります。

そもそも事前に完璧な計画を立てることは不可能です。最初に立てた計画はあくまで仮にすぎないという意識で修正するのが望ましいです。

シーンの場合はどうするか？

シーンの場合、アドバイスとしては次のようなことが考えられるでしょう。

まず、販売実績を上げるための要素を抽出します。一般的には次のようになります。

MRの販売実績＝訪問頻度×訪問認知率×説明率×提案のインパクト

	半期 目標	1ヶ月 目標	週 目標	とるべきアクション
訪問頻度	●●●回	●●回	●回	事務作業効率化による 訪問時間の確保、 訪問ルート見直し
訪問認知回数	◎◎◎回	◎◎回	◎回	医師の勤務状況の把握、 アポイントの工夫
説明回数	○○○回	○○回	○回	医師の関心を呼ぶ セールストークの工夫、 質の高い提案書作成
提案の インパクト	★★★ レベル	★★ レベル	★ レベル	ターゲットとする 医師の選定、 セールストークの練習

訪問頻度：何回病院に訪問したか

訪問認知率：訪問回数のうち実際に医師に会えたのは何回か

説明率：医師に会えた回数のうち、医師が薬の説明を受けたと感じているのは何回か（実際にセールストークを行ったのは何回か）

提案のインパクト：1回あたりのセールストークからどれくらいの売上が上がっているか

次に要素ごとに目標を定め取るべきアクションを考えます。

目標は進捗を把握しやすくするためにできるだけ数値で設定しますが、提案のインパクトのように定量化が難しい場合は定性的でも

構いません。

　あとは週ごと、月ごと、半期ごとにPDCAサイクルを回し、計画やアクションの改善・調整を測っていきます。

> ・決めたことを確実に行うためには、こまめにPDCAを廻すことが必要。
> ・計画段階で、実行するための仕掛けや段取りをしっかりつけておくこと！

2 SMART

実効性のある計画を作成する

---シーン---

　卸売業の営業アシスタントのサオリは、社内の働き方改革の一環で、業務効率化の企画書をとりまとめるよう指示された。

　営業アシスタントの仕事は、顧客からの受注業務、メーカーへの発注手配、納期調整など多岐にわたり、営業スタッフからの急な依頼もあり、残業が生じていた。これを問題視した上司から、実行性のあるアクションプランの提出を求められたのである。

　サオリは同じ職場のアシスタント同士で話し合った結果、「受発注のフォーマットを簡略化すること」「アシスタントに依頼する際には終業1時間前までとすること」を企画書としてまとめた。

　企画書は上司の承認を得て、営業スタッフにも伝えられた。しかし、最初のうちは実行されていたが、すぐに尻つぼみとなり、1月後にはほとんど実行されなくなった。

　サオリの企画書のどこに問題があったのだろうか？

フレームワークの説明

　計画段階では目標を設定します。SMARTとは目標設定にあたってのポイントを示したものです。

S（specific）：具体的である

M（measurable）：測定可能である

A（agreed upon）：合意されている

※（action oriented:アクションに落とせる）（achievable:達成可能である）の場合もあります。

R（realisticあるいはresult-based）：現実的に（結果志向で）

※（relevant:意義が明確）の場合もあります。

T（timely）：期限が明確

なぜ必要か？

計画の多くは計画倒れに終わりますが、多くの場合、その原因は、計画策定段階での誤りにあります。

S：具体的である

ミーティングの場で話し合って決めた計画なのだからみんな同じ認識をしているはずだと思っても、それぞれの解釈や思いで認識が違うのが普通です。誤解や齟齬がないように、計画を具体的に示す必要があります。

特に目標がメンバー間でずれていると後々大きな混乱を招きますので、文書の形で残しておくべきです。

M：測定可能である

PDCAサイクルで触れたように、計画がどれくらい進捗したのか、

達成度はどれくらいか把握する必要があります。そのためには、**計画の目標をできるだけ定量的に（数値で）設定する必要があります**。「できるだけ是正する」「最善に努める」「大幅に改善する」といった定性目標（言語だけで示された目標）では、それがどの程度なのかがわかりません。

A：合意されている、アクションに落とせる、達成可能である

計画はそれにかかわるメンバー間での合意が不可欠です。

また計画は実行するためのアクションプランに落とし込んで達成可能なものである必要があります。ただし、計画の目標が容易に達成可能なレベルだとメンバーはあまり努力しません。

ノルマ（計画目標）を達成するとそれ以上に頑張らなくなることを天井効果と言います。営業マンが期のノルマを達成してしまうと、それ以上、頑張らなくなることが典型例です

このような事態にならぬよう、目標のレベルは高すぎず低すぎず、少し努力すれば達成可能なくらいのレベルの目標（ストレッチ目標）を設定するべきです。

その一方で、人はかかる時間を楽観的に甘く見積もる傾向があります。時間や予算など計画完遂に必要な資源を常に過小評価し、遂行の容易さを過大評価する傾向のことを、計画錯誤と言います。ある程度のバッファーを持たせた計画が現実的です。

R：現実的である、結果志向である、意義が明確である

計画を立てる意義は実際に組織上の成果を上げることを認識する

必要があります。組織人である以上は単に「個人的にやってみたいから」では通りません。

　よって、「計画を実行に移した結果、それが会社全体あるいは職場にどれくらいの影響を及ぼしたのか」にこだわる必要があります。単に実行したからよいわけではありません。

　T：期限が明確

　期限のない目標はまず実行に移されないか尻つぼみになります。また、最終的なゴールの期限を明確にするだけでなく、途中段階での期限も設定するべきです。

　人は納期のある作業を行う際に、余裕時間があればあるほど、実際に作業を開始する時期を遅らせてしまう傾向があります。これを学生症候群と言います。よって、自分を律するために途中段階の期限を設定することが望ましいです。

　たとえば、上司から言われた仕事を3週間で仕上げないといけないとしたら、1週間後に3分の1、2週間後に3分の2、最後に全部を提出することを自ら宣言するのです。

シーンの場合はどうするか？

　シーンの場合、サオリの企画書は実際のアクションプランにはなっていなかったことが問題です。

　S（specific:具体的に）はある程度カバーしています。しかしながら、どれくらい業務を効率化するのか（業務時間を削減するのか）

具体的・定量的な目標がありませんでした。

　さらに、「いつまでに行うのか」達成期限を明確にしていませんでした。その結果、目標が曖昧なため、トーンダウンしてしまったのです。

　アシスタントの業務効率化は営業スタッフにも大きな影響があります。しかしアシスタントだけで内容をまとめてしまったため、営業スタッフの支持を得られなかった可能性もあります。事前に営業スタッフにヒアリングし、納得感を得ておくべきでした。

　今回のシーンでは、上司のサポート不足は否めませんが、企画書を作成するサオリの立場でもSMARTを意識しておきたかったところです。

　計画の目標は、「具体的である」「測定可能である」「メンバー間で合意されており、達成可能である」「結果志向である」「期限が明確である」ことが条件。
　すべてを満たしているか必ずチェックしよう！

3 5W1H

必須度
A

 具体的なアクションプランを作成する

───シーン───

　ルミは英会話スクールのサービス企画部門に勤務しており、ビジネスマンの海外留学のための英語講座を担当している。

　同スクールではこれまで受講生に対してアンケート用紙を配って講座の評価や要望を収集してきたが、来春の開講に合わせた新たなサービスを考えるためにこのたび受講生から直接意見を聞くことにした。

　現在、開講しているのは5教室で受講生の数は数百人におよぶ。調査期間も限られている。上司からは、具体的な調査計画を早く出すように言われている。

　調査計画を作成するに当たり、ルミは何を決めておくべきだろうか？

?

フレームワークの説明

　計画段階でアクションプランに落とし込むためには、5W1Hを明らかにする必要があります。

　＜5W1H＞

だれが（Who）、いつ（When）、どこで（Where）、なにを（What）、なぜ（Why）、どのように（How）

また「誰に（Whom）：顧客や折衝する先は誰なのか？」「いくらで（How much）：どの程度の費用（お金）をかけるのか？」を加えて6W2H、「誰に？（Whom）」を除き、「どれくらい（How much）：どの程度の効果をねらうのか」を加えた5W3Hという場合もあります。

なぜ必要か？

先に述べたように、計画の要件は「SMART」です。そのためには最低でも5W1Hを明らかにしておく必要があります。

だれが（Who）

各アクションの担当者は誰なのか？リーダーは誰か？

いつ（When）

いつからいつまでのタスクなのか？課題の期限はいつか？課題達成のためのアクションの期限はいつか？

どこで（Where）

地域・場所・部門はどこか？施策はどこで行うのか？必要な資源はどこで調達・管理するのか？

なにを（What）

対象は何か？何を扱うのか？どのようなアクションを取るのか？リーダーやメンバーの役割と責任は何か？

なぜ（Why）

どのような意義や目的があるのか？何のためにやるのか？各アクションを行う理由は何か？

どのように（How）

どのようなアクションや手順を使うのか？メンバー間の情報共有はどうやるのか？

いくらで（How much）

どの程度の費用（お金）をかけるのか？利益率はどれくらいか？

誰に（Whom）

顧客や折衝する先は誰なのか？誰にアプローチするのか？利害関係者は誰か？

どれくらい（How much）

どの程度の効果をねらうのか？売上はどれくらい増えるのか？利益率（利益額）はどれくらいを見込むのか？どれくらいの業務効率化が図られるのか？

シーンの場合はどうするか？

シーンの場合、調査計画の立案に当たり、次のことを想定しておくべきでしょう。

だれが (Who)	実際に受講生にヒアリングするのは誰か？ 募集・調査・実施・サービス案検討を行うのは誰か？
いつ (When)	いつからいつまでに行うのか？ 各アクションの期限をいつにするか？
どこで (Where)	どこでヒアリングするのか？ どの教室（クラス）を対象にするのか？
なにを (What)	何を質問するか？ どのようなアクションを取るのか？ 協力してくれるスタッフの役割は何か？
どのように (How)	対象者募集、ヒアリング、ヒアリング結果の収集、 新サービス発案はどのような手順で行うのか？
誰に (Whom)	どの教室の受講者のどのような層（年齢、職業、 レベルなど）を対象にするのか？
いくらで (How much)	調査費用はどれくらいかかるか？（かけられるか？）

計画は具体的な実行を想定して作成する。

前もって5W1H（だれが、いつ、どこで、なにを、なぜ、どのように）は明らかにしておくこと！

問題解決・改善のためのフレームワーク

Chapter3では、問題解決・改善のためのフレームワークを取り上げます。

問題解決・改善を求められるシチュエーションは、職場でも、自分の生活の場でもあります。場合によっては、お客様の抱える問題の解決を求められることもあるでしょう。

問題の解決・改善とは、「問題を生じさせている原因を取り除くこと」です。よって、まず始めにやることは、問題の原因を特定することになります。

しかしながら、問題の原因を特定することは容易なことではありません。通常、問題を生じさせている原因は複数あり、さらに原因同士が関係し合うこともあります。問題解決・改善について、職場で議論すると、メンバーの考え方の違いによって、様々な意見が出て、まとめられなくなることもよくあります。

問題の原因を考えるためには、フレームワークを使って、複数の観点から「漏れなく、ダブりなく（MECE）」検討する必要があります。ここでは、「問題の原因を多角的に考えるためのフレームワーク」「問題の原因の整理法」「改善活動のための考え方のフレームワーク」について説明していきます。

ECRSの原則

必須度
A

 効果が高い改善策を検討する

―――シーン―――

タカシは食品メーカーの営業支店に勤務しており、毎日取引先の食品スーパーへの訪問に明け暮れている。

そんなタカシには、会社の管理方針に大きな不満がある。日報、週報、月報、月間営業予測表、4半期営業予測表と報告書だけで5種類もあるのだ。加えて毎週1回のグループミーティング、月1回の支店全体会議があり、出席をしなければならない。

「確かにホウ・レン・ソウ（報告・連絡・相談）は大事だ。でも営業はお客様と会ってナンボなのに、こう社内業務が多いんじゃかなわないな…。もっと効率化できないだろうか？」

タカシは思い切って次回の支店全体会議で提案しようと決意した。

タカシはどのような提案をするとよいだろうか？

フレームワークの説明

ECRS（イーシーアールエスあるいはイクルス）の原則とは、生産現場における改善の4原則のことです。

E：Eliminate（排除）…なくせないか

C：Combine（結合）…一緒にできないか

R：Rearrange（交換）…順序の変更はできないか

S：Simplify（簡素化）…簡素化・単純化できないか

ECRSの順に改善効果が大きく、この順番に対応策を検討することになります。

なぜ必要か？

問題解決・改善活動は、「問題の認識⇒解決策の仮説の設定⇒実行と管理⇒検証と学習」の順に進めます（仮説検証サイクルやPDCAサイクルと基本的に同じです）。

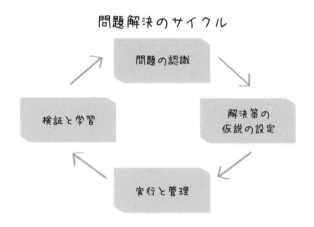

問題解決のサイクル

問題の認識

解決策の仮説の設定

実行と管理

検証と学習

ただし改善するといっても闇雲に良さそうなことに手を出すの

ではなく、「何が一番効果がありそうか」優先順位をつけて取り組むのが効果的です。その際にECRSはとても有効な指針となります。必ずECRSの順で検討するようにしてください。

　ECRSの原則は、生産現場のみならず、ホワイトカラーの業務の改善にも使えます。

E：Eliminate（排除）

　目的を再確認し、目的達成に貢献しないものは排除します。特に顧客にとっての価値に貢献しないものは、原則削除の対象となります。

　例）不要不急な報告、打ち合わせ、社内書類作成、社内連絡などをなくす

C：Combine（結合）

　複数の作業をまとめて処理できないかを考えます。複数の人が同じ作業を行っているのであれば、1人に任せるといったことも結合に当たります。

　例）製造と検査を同時に行う、個々に行っていたデータ入力を1人が行う

R：Rearrange（交換）

　作業の順番を入れ替えることで、全体の効率化が図られることがあります。

　例）

・作業工程の一番最後に行っていた顧客からの確認作業を前倒しにし、顧客要望によるやり直しを減らす

・顧客からの受注順で作業していたのを、納期が早い順に変えて余裕のある納期管理を行う

・疲労がたまった夜にダラダラと残業して行っていたミーティングを、朝の通常業務開始前に行うことで集中力を高め、時間短縮を図る

S：Simplify（簡素化）

無くても困らない手間を省いたり、やり方を標準化（決まったやり方に揃える）することで考える手間を省きます。

例）

・必要のない報告書の記載項目を無くして単純化する

・メールで行っていた報告をスマホのアプリを使うことで簡略化する

・手作業で行っていた作業の一部を機械で行う

・個人任せであった報告書の共通テンプレートを作成する

・複数の発注先を1社に絞る

シーンの場合はどうするか？

シーンの場合、ECRSの順に沿って対応策を検討することになります。

・そもそも5種類も報告書が必要かを考えます。毎日部下が日報

を提出していても必ずしも上司が読んでいないなんていうことはよくあります。上司の方も書面より口頭での報告のほうが好むかもしれません。

　そうであるならば、日報を無くし週報だけで事足りるでしょう（E）。また月報と月間営業予測表をまとめてしまうこともできるかもしれません（C）し、報告書の記載内容を簡素化することも可能かもしれません（S）。

　・会議についても同様です。毎週1回のグループミーティングを隔週実施にする（E）、月1回の支店全体会議がある場合はグループミーティングと兼ねる（C）といったことが考えられるでしょう。

ECRSは改善にあったての鉄則！

「排除」「結合」「交換」「簡素化」の順に検討すること。

2 生産性

使う目的 **職場や自分の仕事の効率を上げる**

―――シーン―――

　カーディラーの営業マンであるカズタは、職場の業務改善プロジェクトのメンバーに選ばれた。テーマは、「生産性の向上」である。

　「営業はやっぱり外まわりしてなんぼの世界だから、会議の時間は削らないと」「そういえばこの間テレビで営業管理ソフトの宣伝をしてたな。使えるんじゃないか？」「モバイル機器を持たせたらいいんじゃないか？」いろいろとアイデアが浮かぶが、提案として上手くまとめることができない。

　考えているうちに、「そもそも生産性って何だろう？」とよくわからなくなってしまった。

　何か生産性を上げるためのフレームワークはないだろうか？

フレームワークの説明

　生産性とは、「INPUT（投入資源）」からどれだけのOUTPUT（成果・産出物）を生み出せるか」ということです（右の式）。

$$生産性 = \frac{OUTPUT}{INPUT}$$

INPUTの代表例は、時間や投入金額、人数です。一般的にはコストにあたるものです。OUTPUTは、付加価値額が用いられますが、売上や利益が典型例です。ただし生産部門なら生産数量、スタッフ部門なら処理件数などを用いるとよいです。

なぜ必要か？

一般的には生産性を上げるためには、INPUT（時間やコスト、労力）を下げることばかり目が行きがちですが、別にINPUTを下げなくてもOUTPUTが増えれば生産性が上がることに注意してください。いや、INPUTが増えてもそれ以上にOUTPUTが増えれば生産性は上がるのです。何もコストカットだけが生産性の向上ではありません。

さて、多くの場合、働く人間個人にとって、生産性とは「労働生産性」ととらえていいでしょう。2行目の式は、1行目の式の分子と分母に「正味作業時間」を加えて分解したものです。

1日8時間労働として、がっちり8時間作業をするということはまずありません。たとえば準備であるとか、ミーティングであるとか、待機や連絡待ちであるとかいった、直接的には作業とは言えないものもあります。

　前の式を見ると、労働生産性を上げるには、「正味の作業スピードを上げる」か「正味作業時間比率を上げる」かの2つの選択肢があることがわかります（両方上げてもいいです）。

　では、労働生産性を上げるためには、どちらが有効なのでしょうか。もちろん「正味の作業スピードを上げる」のは大事ですが、ある程度慣れてくるとこれ以上はスピードを上げられなくなります。
　むしろ「正味作業時間比率を上げる」ほうに注目したいところです。無駄なミーティング、無駄な待機時間、非効率な準備作業（これについては「5S」を参照）といったことをやめるということです。こちらのほうがインパクトは大きいでしょう。

シーンの場合はどうするか？
　シーンについて言えば、まず「自分の職場における生産性とは何か」をしっかり定義する必要があるでしょう。この場合、INPUTはおおむね「時間」でよいと思いますが、OUTPUTは売上、利益、受注件数（受注台数）が考えられます。その上で、「OUTPUTを上げる」「INPUTを下げる」のどちらを優先するか検討するとよいです。

営業部門の生産性を上げるには、まず分子の売上を増やすことを考えるべきでしょう。

　労働生産性ということで言えば、「正味作業時間比率の向上」を検討しましょう。ミーティングの効率化（回数削減、時間短縮）、事務処理作業の効率化を図って正味の営業時間を増やすことが求められます。

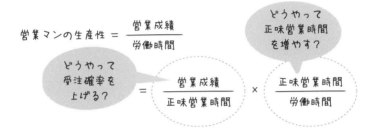

・自分にとっての生産性を定義しよう！
・その上で「OUTPUTを上げるか」「INPUTを下げるか」
　を検討すること。

3 80対20の法則

必須度
A

 使う目的 **対策すべき問題の優先順位を絞る**

――シーン――

文房具店に勤めフミオは定番商品の在庫管理方法について提案書をまとめるよう命じられた。

これまでは月に1回スタッフが商品の在庫を確認し、在庫が無ければ卸やメーカーに発注をかけていた。同店では、商品によっては在庫切れが生じたり、逆に過剰在庫が生じたりといった事態が生じていた。

対象となる定番商品の品目数は多く、すべての商品をきちんと管理するということは現実的に不可能である。

在庫管理方法について、フミオはどのような提案をすべきだろうか？

フレームワークの説明

80対20の法則（パレートの法則）とは、「全体の数値の大部分（80％）は、全体を構成するうちの一部（20％）の要素が生み出している」というものです。

20世紀初頭にイタリアの経済学者ヴィルフレド・パレートが、「2

割の高額所得者のもとに社会全体の8割の富が集中し、残りの2割の富が8割の低所得者に配られている」ことを見つけたことが起源です。

　80対20の法則をパレート図と呼ばれるグラフで示すと次のようになります。縦軸（右軸）には累積構成比を、縦軸（左軸）には発生頻度をとるのが一般的ですが、発生頻度以外に他の重要指標（金額、件数など）を用いても構いません。

パレート図の例

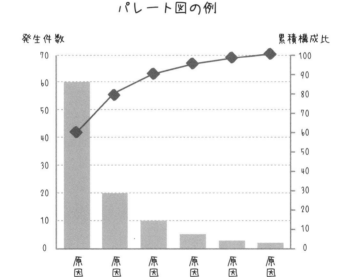

　上のパレート図では、全体の半分以上がAによって占められ、A

とBで全体の80%になることがわかります。

なぜ必要か？

　ビジネスに関係がある80対20の法則としては、次のようなものがあります。

　・売上の8割は全顧客のうちの2割の主要顧客によってもたらされている

　・売上の8割は、全商品の2割の売れ筋商品が生み出している

　・仕事の成果の8割は、費やした時間全体のうちの2割の時間で生

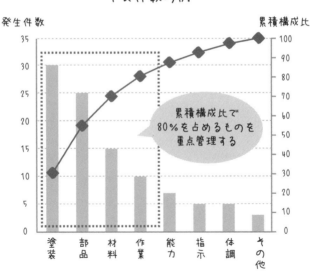

不良件数の例

み出している

　・製品不良の8割は、上位2割の原因によってもたらされている。

　製品不良を例に80対20の法則の意義を説明します。製品不良の原因が仮に8つあったとして、すべての原因について対策を講じることは非効率です。**通常は、全体の8割を占める要因に的を絞って、優先的に対策を講じることになります。**この例では、塗装から作業の4つを優先し、滅多に起きない残りの原因には手をつけません。

シーンの場合はどうするか？

　シーンの場合、おおよそ次のような方針となるでしょう。

　・まずそれぞれの商品の年間販売金額を集計し、金額が高い順に並べる。

　・次に次のようなパレート図を作成し、構成比率の80%程度を占める商品AからDまでは、まめに在庫確認し、品切れや過剰仕入れを起こさないようきちんと需要予測して発注する。それ以外は現状どおりの管理とする。

　※単純化のため品目数は少なめにしています。

　・あるいは金額の累積構成比が80%を占める品目をA品目、15%を占める品目をB品目、5%を占める品目をC品目とし、A品目は重点的に管理、B品目は現状維持、C品目は管理を緩める（ABC分析）。

商品別販売金額

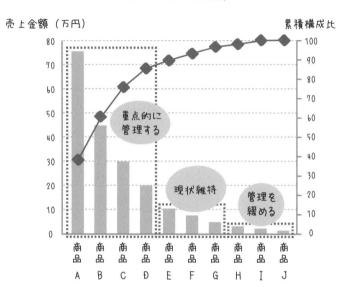

- ・すべてを一律に管理するのは効率が悪い。
- ・パレート図を使って優先順位をつけて全体の8割を占めるものに対象を絞って重点管理すること！

4　因果関係の3原則

必須度
A

 正しく問題の原因を特定する

---シーン---

　ヒロノリはある企業の人事部門に勤務している。現在、同部門では大きな課題を抱えている。先日実施した社員の意識調査で社員のモチベーションが全体的に下がっていることが確認されたのだ。

　ヒロノリは人事部長に次のような提案をした。

　「わが社の業績は低迷しております。また社員の有給消化率は必ずしも高くはありません。有給休暇を多く取らせれば社員のモチベーションが上がるのではないでしょうか。先日、雑誌で業績好調な企業では、社員の有給消化率が高いという記事を目にしました。」

　しかし人事部長はどこか納得していないようである。

　ヒロノリの主張に問題はないだろうか？

フレームワークの説明

　出来事Xと出来事Yとの間に因果関係（Yの原因はXである）が成立するためには、次の3つを満たさなければなりません。

　①共変の原則

もしXがYの原因であるならば、XとYは共に変化しなければならない。

②時間的順序関係

もしXがYの原因であるならば、XがYより時間的に先に起こっていなければならない。

③他の原因の排除

XがYの原因と考えられ、さらにX以外にYの原因を合理的に説明できるものが何もない場合にのみ、XがYの原因と認められる。

なぜ必要か？

人間はある事柄に対し、その原因や理由を求めようとします。因果関係を考えること自体は正しいことです。たとえば何か問題が生じた場合には、その原因を探らなければ解決策を考えることはできません。

しかしながら、勝手な因果関係を思い描いてしまうことはよくみられます。2つの事柄の間になんとなく関係がありそうだと早とちりする前に、①共変の原則、②時間的順序関係、③他の原因の排除の3つをすべて満たすか検証する必要があります。

ここで試しに次の各主張が妥当なのか考えてみてください。

＜問題＞

1：日本の失業率が低下したのは、少子高齢化で若者が減少し就

職しやすくなったからである。

　２：ブランド価値が高い企業は業績がよい。よって、わが社もブランド価値を高める手段を講じるべきである。

　３：調査によれば、アイスクリームの売上が多い日ほど犯罪発生率が高いことがわかった。アイスクリームには、犯罪を引き起こさせる成分が含まれているのか調べてみる必要がある。

　＜解説＞
　１：日本の少子高齢化は今になって始まったことではなく、1970年代からの傾向です。この間、失業率が高い時期もあれば低い時期もあったわけで、「共変の原則」を満たすわけではありません。実はGDP経済成長率が上がれば失業率が下がるのであって、「他の原因の排除」も満たしません。

　２：企業のブランド価値が高いことに越したことはありません。しかしブランド価値の向上は一朝一夕でできることではなく、顧客から長い間支持され続けなければ不可能です。すなわち、「ブランド価値が高いから業績がよい」というよりは、「長い間業績がよいからブランド価値が高い」ということかもしれません。「時間的順序関係」を満たしているか疑問が残ります。

　３：「アイスクリームを食べれば凶暴になって犯罪に走る」とは

誰も思わないでしょう。原因は「気温の高さ」です。つまり、気温が高くなるとアイスクリームの売上が増え、同時に（むしゃくしゃして）犯罪が多くなるのであって、「アイスクリームの売上」と「犯罪発生率」との関係には、何も因果関係がありません。つまり「他の原因の排除」を満たしません。

シーンの場合はどうするか？

ヒロノリの主張には以下の問題点があります。

・「業績好調な企業では、社員の有給取得率が高い」という主張は、そもそも社員のモチベーションとは関係のない話です。もしかしたらタカユキの頭の中には「業績が好調＝社員のモチベーションが高い」という前提があるのかもしれません。そうであるならば、本当に両者の間に因果関係があるのか根拠を示す必要があります。

・同様に「有給休暇を多く取らせれば社員のモチベーションが上がる」という主張の根拠も示す必要があります。有給休暇の日数以外にもやりがいや労働条件などいくらでもモチベーションの要因となることは存在します（「他の原因の排除」を満たしていない）。

・この主張には「時間的順序関係」の点で疑問があります。仮に「有給消化率の高い企業は社員のモチベーションが高く、業績がよい」が正しいとしても、業績がよいから多くの社員を雇えるので人員に余裕があり、その結果、社員が休むことができるのかもしれません。

だとしたら、有給所得率を高めても、業績にはまったく影響がないことになります。社員のモチベーションが高いのも業績が高いからそれが励みになっているからかもしれません。

・企業の業績は、経済環境、国内市場の状況、同業他社の動向、技術の進展、企業の戦略、内部管理方式など様々なものに影響されます。モチベーション（あるいは有給消化率）のみにフォーカスして企業業績を語るのは「他の原因の排除」を満たしていません。

> 　勝手な思い込みで原因を特定するのは危険！
> 　因果関係が成立するためには、①共変の原則、②時間的順序関係、③他の原因の排除の３つをすべて満たす必要がある。

5 三現主義

必須度
B

 実態に沿った問題の認識をする

——シーン——

　小売チェーン本部の顧客サービス企画室に配属されたナギサは、上司から顧客満足度を上げるために新たな店舗サービスを開発したいので企画書を提出するように求められた。

　「お客様はどんなサービスを望んでいらっしゃるのかしら…。そうだ！実際にお客様の声を集めるのが一番だわ。」ナギサは早速、カスタマーサポート室や各店舗にメールして、顧客アンケートを集めることにした。

　集まったアンケートを集計し、フリーコメント欄に記入された要望の中から上位３つをピックアップして企画書にまとめた。

　「お客様は商品の陳列場所がよく分からないとおっしゃっております。またレジ待ちや営業時間についてのご要望も多いです。こうした点を改善すべきです」

　ナギサの報告を聞いた上司は、「よくまとめたね。だけど本当にこれらを改善すれば多くのお客様の満足度が上がるのかな？」と疑問を呈した。

　「実際にアンケートに書いていらっしゃるのだから、間違いないじゃない！」と上司の問いかけにナギサは不満げである。

　ナギサの提案のどこが問題なのだろうか？

フレームワークの説明

　三現主義とは、現場（場を確認する）、現物（物を確認する）、現実（この目で事実を確認する）という「3つの現」を重視する考え方のことです。自らの目で見ることで改善のヒントを探ることができます。

なぜ必要か？

　「ここが問題なのではないか」といくら頭の中だけで考えても、それはただの空論です。三現主義は、現場で現物を観察して、現実を認識した上で、問題の解決を図らなければならないという考え方です。

　もともと三現主義は、トヨタ自動車などの生産現場の改善活動で用いられてきました。製造業では、「いかにムダをなくすか」が永遠のテーマですが、その改善活動のベースとなっているのが三現主義です。

　最近では、メールだけで確認を済ましてしまうことが多く見られますが、文字で伝えられることには限界があります。正しく状況を把握するためには、必要に応じて自分で現場におもむいて確認することが求められます。

　三現主義は、製造業以外の業種の問題解決や改善活動でも基本となる考え方です。

＜例＞

・取引してよいか不安のある取引先を訪問して、担当者の話を直に聞いたり、オフィスの状況を確認したりして、相手の経営実態を把握する。実際に話を聞いたり観察していると、あまり信用がおけない相手だったりすることはよくある。

・帳簿上は存在する在庫が本当にあるのか、実際に倉庫に見に行って確認する。確認したら商品が古くなって使い物にならない、そもそも数が足りないといったことはよくある。

・顧客から自社商品のクレームが入った際に、実際に顧客に訪問して状況を確認する。実際には顧客の認識誤り（間違った使い方をしていた、説明書をよく読んでいないなど）で、商品の問題ではないといったことはよくある。

ちなみに現場主義の考え方は、これまでにないような新商品や新サービスの開発の際にも応用されています。対象となる人の生活の現場に実際に赴き、現場に入り込み、話を聞くだけでなく、行動やしぐさ、周囲の人の観察を通じて対象を理解することを、エスノグラフィー調査と言います。

たとえば、自動車や自動車関連商品場合、実際にユーザーを訪問して、「自宅インタビューに加えて車に乗せてもらい、行動や動作を観察する」「乗車中や乗車後にインタビューする」「訪問先の許可が得られれば、ディーラーや整備工場など、対象者が普段付き合いのある場所に同行する」ことで、商品開発のヒントを探ります。

また、経営者が部下の顧客を訪問して、担当者から直接話を聞くことで、自社のサービスの改善のヒントにする、自ら店頭に立って売り場の雰囲気を感じるといったこともよく見られます。

シーンの場合はどうするか？

　ナギサの提案は、顧客アンケートをもとにしています。しかし、わざわざ顧客アンケートのフリーコメント欄に自社の問題点を指摘してくれる人はごく一部でしょう。大抵の顧客は不満を感じていても我慢して黙っているか、何も言わずに他店に乗り換えるかのどちらかです。

　よって、顧客アンケートに書かれていることが多くの顧客の声を代弁しているとは限りません（だからといって、顧客アンケートがまったく役に立たないわけではありませんが）。

　この場合、エスノグラフィー調査の考え方に沿って、実際にナギサ自身が店舗に行って来店客の行動を観察し、サービス改善のヒントを探るべきでしょう。

　　問題解決は机上の空論では意味がない。
　　実際に「現場」で「現物」を観察し、「現実」を認識しよう！

6 **ダラリの原則**

必須度
A

使う
目的 **職場で作業の効率化を図る**

──シーン──

　洋菓子店に勤めるミワは、クリスマスケーキの作業管理を任された。1月半後のクリスマスはかきいれどきであり、毎年、ケーキ作りに大わらわで、臨時にパートスタッフを雇い入れて対応している。

　パートスタッフに依頼する作業は、フルーツの皮むきや袋詰めといった単純作業から、生地作り、トッピング、オーブン操作まで多岐に渡る。毎年手伝ってくれるベテランのスタッフは頼りになるが、新米も多く、その都度正規スタッフが指示を下さなければならない。去年もてんやわんやで正規スタッフがクリスマスイブ前日に徹夜して必要量を確保した。

　「去年みたいにバタバタしないように、今のうちにできることはないかしら？」

　クリスマスシーズンを前に頭を悩めるミワは、何に取り組むべきだろうか？

フレームワークの説明

　ダラリ（3ム）の原則とは、組織や職場の効率を上げるための行動原則で、「ムダをなくす」「ムラをなくす」「ムリをなくす」の3つを指します。

ムダをなくす　⇒　最適な作業方法の設定

ムラをなくす　⇒　標準的な作業方法の設定

ムリをなくす　⇒　余裕を適切に見込んだ作業方法の設定

　もともと製造業の生産現場で用いられていましたが、それに限らず、職場の生産性改善に広く適用できる考え方です。

なぜ必要か？

　効率化とはすなわち「ムダをなくすこと」であることには異論がないでしょう。**一方、同じ作業をしていても、効率がよい人とそうでない人がいます。職場全体でこうしたばらつきを無くすためには、効率がよい人の作業方法を観察し、それをもとに標準的な作業方法を確立する必要があります。**その結果、効率が悪い人の「ムダ」を省くことができます。

　その際には合わせて標準作業時間を設定します。たとえばAという作業の標準的な方法が確立されたら、それを「どれくらいの時間で行うのが標準か」設定するのです。その結果、作業の見積が立てやすくなります。たとえば1日5時間勤務として、作業Aの標準時間が5分、人数が3人だとしたら、延べで180回作業が可能になります（300分÷5分×3人）。

　もっともぎりぎりまで効率化すればよいというわけではありませ

ん。機械と異なり、人間には休息が必要です。またトイレに行ったり、突発的なトラブルで作業が遅れたりといったこともあるでしょう。よって、ある程度の余裕を持った作業ペース（標準作業時間）にしておく必要があります。

ついでに他の生産現場の行動原則をご紹介しましょう。こちらも広く職場の効率化に適用できます。

<3S>

合理化のための基本原則です。

単純化（Simplification）

製品・材料・部品の種類を整理したり、作業方法を簡略化することで効率化を図ります。

標準化（Standardization）

先ほどの標準作業方法の設定のことです。

専門化（Specialization）

各作業の担当を決めて専念させることで、作業の熟練を図ります。

<7つのムダ>

トヨタ自動車においてムダとされるものです。すべて削減の対象になります。

（1）作りすぎのムダ

沢山作りすぎると在庫が増え、売れ残りというリスクが生じます。

（2）手待ちのムダ

前の工程の作業遅れや、指示待ち、材料待ちなどによる待機のムダです。

（3）運搬のムダ

製造過程である場所からある場所まで運搬することのムダです。運搬は少ないほど短いほどよいです。

（4）加工そのもののムダ

必要以上に手を加えすぎることのムダです。基準以上のことをやってもあまり意味はありません。

（5）在庫のムダ

必要以上に在庫が多いとその保管費用がかかったり、経年劣化が生じたり、売れ残りのリスクが生じたりします。

（6）動作のムダ

いちいち道具を探したり持ち替えたりといった作業動作のムダです。作業にムダに時間がかかったり、余計な疲労の原因になったりします。

（7）不良をつくるムダ

不良品にかかった材料や時間のムダです。別途廃棄コストがかかるというムダも生じます。

ダラリの原則、3S、7つのムダは職場の効率化のための原則ですが、個人の作業の効率化にも使えます。ぜひ自分の作業にムダがないか確認してみてください。

シーンの場合はどうするか？

　シーンの場合、おおよそ次のようなことに取り組むべきでしょう。

　・正規スタッフの作業方法を観察し、ケーキづくりで必要となる作業を洗い出す。

　・複雑な作業はベテランに任せ、経験の浅いスタッフには簡単な作業を任せるようにする。

　・それぞれの作業について、標準的な方法や作業時間を決める。

　・標準的な作業方法についてはマニュアル化（動画での記録でも可）しておいて、パートスタッフの教育に用いる。

　・作業完了の期日から逆算し、余裕を持った予定作業開始日を決める。

> 　作業の効率化を図りたいならば、作業の単純化し専門化を図り、ムダ・ムラ・ムリを排除すること！

7 5S

必要なときにすぐに仕事に取りかかれる環境を整える

（使う目的）

────シーン────

　中小の部品メーカーに勤務するヒロシは、社内の美化委員に任命され、在庫している部品の保管方法について改善にあたることになった。

　これまで、保管方法について、決まったルールがなく、倉庫の空いている棚に適当に突っ込んでいるというのが現状で、必要なものを探すのに時間がかかっている。中にはほとんど注文がないままホコリをかぶっているものもあり、無駄にスペースをとっているようである。

　ヒロシは保管方法の改善のために、他のスタッフに指示をしなくてはならない。どのような観点から指示を行うべきだろうか。

フレームワークの説明

　5Sとは、「職場の管理の前提となる整理、整頓、清掃、清潔、しつけ（躾）について、日本語ローマ字表記で頭文字をとったもの」です。

整理（捨てる）：必要なものと不必要なものを区別し、不必要なものを片付けること。

　　整頓（一目でわかるようにする）：必要なものを必要なときにすぐ使用できるように、決められた場所に準備しておくこと。

　　清掃（きれいにする）：必要なものに付いた異物を除去すること。

　　清潔（整理・整頓・清掃を維持する）：整理・整頓・清掃が繰り返され、汚れのない状態を維持していること。

　　しつけ（躾：守る）：決めたことを必ず守ること。

なぜ必要か？

　必要がないものが多いと、スペースが無駄になるばかりが、必要なものが探しにくくなります。

　また「必要なものの置き場所がわからず探すのに時間がかかる」「設備や道具に汚れがついていて必要なときにすぐに使えない」のは問題です。

　確かに「置きっぱなし」「やりっぱなし」は楽かもしれませんが、後で問題が生じると、かえって多くの時間や労力をとられることになります。面倒であっても日頃から5S活動を徹底することで、生産性は大きく向上します。これは職場全体に限らず、個人の生産性でもいえます。

シーンの場合はどうするか？

　シーンの場合、まずほとんど注文のない部品を処分することから始めます。その上で、部品ごとに保管場所と保管ルール（置き方や保管期限など）を定めます。注文があったらすぐに出荷できるよう、清潔な状態に保つ必要もあるでしょう。

　地道な5S活動は慣れていないスタッフにとっては、面倒なことです。5Sの重要性についてスタッフに説明し、理解してもらうことが必須です。

> 　目先の手間を省くと、後で面倒なことになる。
> 　5S活動は地味な作業であるが、結果的には職場全体の効率化に大きく寄与する。

必須度
A

8 価値式

自社の製品・サービスの価値を高める

─ シーン ─

　ヨシコが勤める学習塾は地元公立中学校に通う生徒の補習を行っている。親身な指導が売りであるが、近年、近くに同じようなコンセプトの学習塾が開業し、生徒の取り合いになっている。業績低迷を受けてサービスの見直しが迫られている。

　とはいえ、価格競争になる恐れがあるため、値下げは避けたいところである。カリキュラムについては、随時更新してきており、もはやあまり手を加えるところがない。

　一方、もともと学習塾選びに対しては生徒や父兄の不安感がつきまとう。カリキュラム、担当講師と生徒の相性が生徒のやる気に直結するからである。

　ヨシコは今度の企画会議で生徒獲得のための新たなサービス案を提案するように言われている。どのような提案が考えられるだろうか？

フレームワークの説明

　製品開発で用いられるVE（価値工学：Value Engineering）では、

製品やサービスの価値を次の式で表します。

$$価値 = \frac{ベネフィット（狭義の価値）}{コスト}$$

　つまり製品の価値とは、ベネフィット（便益）とコストの兼ね合いで決まるということです。コストは作り手目線で言えば製造コストですが、顧客目線で考えると購入代金になります。

なぜ必要か？

　いくら機能が高くても、あるいはいろいろな機能が付いていても、コストが高ければ（その結果、価格が高くなれば）、顧客にとってはあまり価値がないものになります。**機能とコストのバランスを意識しなければなりません。**

　価値を上げるためには、次の5つの考え方があります。

　1）機能を一定に保ち、コストを小さくする

　2）コストを一定に保ち、機能を拡大する

　3）コストを大きくするが、機能はもっと大きくする

　4）機能を拡大し、しかもコストを小さくする

　5）コストを機能以上に下げて価値を向上する

　※VEでは5）の考え方はしませんが、実際には検討に値します。

　ベネフィット（狭義の価値）は何も物理的なスペックだけではなく、次のようなものがあります。

・基本的価値

商品に対する最低限のスペックを表す。その商品であればあって当たり前のもので差別化の対象にはならない。例）石鹸⇒「汚れを落とす」

・機能的価値

基本スペックを踏まえたうえで他社との差別化を図れる機能面での価値。

例）石鹸⇒「他社の商品より汚れが落ちる」「より泡立ちが良い」

・情緒的価値

商品を実際に使ってみて感じる感覚的な価値。

例）石鹸⇒色や香り、触ったときの感覚、使用後のさっぱり感

・自己表現価値

最上位の価値で、自分のアイデンティティ（存在意義）を表現してくれる価値を示す。

例）石鹸⇒自然素材の石鹸を使うことがエコロジーに敏感だとか、ナチュラルなものを好む優しい人間だということを表現してくれる。

一方、顧客にとってのコストは必ずしも購入代金だけとは限りません。顧客にとってのコストには次のようなものがあります。

・金銭面でのコスト（購入代金）
・時間面でのコスト（買いに行ったり利用したりするために要する時間など）

・**肉体面でのコスト**（物を持ち運んだり設置したりする際の疲労など）

・**精神面でのコスト**（使い方をマスターする際の精神的な苦痛など）

いずれにせよ、顧客にとってのベネフィットやコストを幅広くとらえて、自社の製品やサービスがどこに貢献できるか検討する必要があります。

参考までに、他の顧客価値を考えるためのフレームワークを2つ紹介します。

＜3つの不都合＞

顧客が感じる3つの不都合を取り去ることで顧客価値に貢献します。

●**使用上の「不便」を取り去る**

「使いやすさ」「気軽さ」「頼みやすさ」「わかりやすさ」など、「にくさ」を「やすさ」に変える。

例）商品を探す、買いに行く、持って帰るという手間を省いたアマゾン

●**やりすぎから「不必要」を取り去る**

顧客にとって必要な価値の提供に絞って使いやすくする

例）カットに絞ったQBハウス、シンプル携帯電話、立ち飲み屋

●ガッカリ感とも言うべき「不確実性」を取り去る

顧客が購入する前に感じる「購入後の後悔」を解消する。

例）返品自由、価値保証（成果課金）、従量料金制、お試し利用
など

＜需要の三要素＞

生産管理において重要な3つの要素のことですが、顧客価値を検討する際にも使えます。

・Q（品質：Quality）→いかに品質を高くするか
・C（コスト：Cost）→いかにコストをおさえるか
・D（納期：Delivery）→いかに早く作るか（いかに早く届けるか）

シーンの場合はどうするか？

顧客獲得のためには、顧客にとっての価値の向上が求められます。シーンの場合、基本的価値に当たるカリキュラムや金銭的コストに当たる受講料は変えられないという条件があります。よって、それ以外のベネフィットやコストに注目する必要があります。

顧客側の事情としては、学習塾選びに対しての不安感があります。これは事前にカリキュラムや担当講師との相性を確認しにくいことがあるからです。

よって、こうした「選びにくい」「失敗したくない」という精神的なコストを削減することができれば、大いに価値が高まります。

具体的には体験受講を薦める、本塾と相性が良くなかった場合の解約を認める（返金する）、担当講師との相性が良くなかった場合に違うクラスへの変更を認めるといったことです。

> **値下げや機能の追加以外にも他社との違いは出せる。**
> **顧客にとってのベネフィットやコストを幅広くとらえて、自社の製品やサービスがどこに貢献できるか考えること！**

Chapter
4

コミュニケーション
のための
フレームワーク

Chapter4では、コミュニケーションのためのフレームワークを取り上げます。

「自分の企画を通す」「お客様に自社の商品・サービスを売り込む」「取引の交渉をする」「社内調整する」など、ビジネスにおいては様々なコミュニケーションが発生します。1人ではビジネスが成立しない以上、他人とのやりとりは必然です。

しかしながらコミュニケーション・スキルは、人によって差が大きく、非常に上手な人がいる反面、イマイチな人もいます。これはコミュニケーション・スキルの体系的な研修が行われていないからです。

コミュニケーション・スキルというと、とかく個人の才能の問題ととらえられがちです。確かにはじめからコミュニケーションが上手な人がいることは事実です。しかし、こうした人たちを観察すると、実はコミュニケーションの基本に忠実であったりします。

ミュニケーション・スキルは、基本的なセオリーをおさえて、ある程度、経験を積めばかなり上達します。私は講師経験が長く、今でこそ「話が上手」と褒めていただけますが、最初は人前で話すことが苦手でクレームが来たこともあります。上達したのは、セオリーを知り、それを忠実に実践したからです。なにも才能は必要ありません。

1 AIM

必須度 A

 メッセージを送って相手の行動を促す

――シーン――

エリカはある企業の経理部に勤めている。来月から会社では、遠方の出張の際の交通費・経費精算書の書式を変更することにした。エリカは、経理部長から社内にその旨を連絡するように指示を受けた。

エリカは、来月から書式が変わること、書式変更の趣旨、精算書の作成方法についての詳細な説明と、サンプル書類を添付して、全社員500人に向けて一斉メールを送った。

ところで、この会社では、日頃から社内メールがやたらと多く、「社員の仕事の効率を下げているのではないか？」という疑問がなされていた。また、重要なメールでも社員が見ていないという事態が散見されていた。

エリカは、社内メールを送る際に、どのようなことに気をつけるべきだったのだろうか？

フレームワークの説明

AIM（目的）とはダートマス大学のメアリー・マンター名誉教授らが紹介したコミュニケーションのフレームワークの基本です。

A=Audience（聴衆）

どんな属性の人に伝えるのか

I=Interest（目的）

伝えることによって相手に何をしてほしいのか

M＝Message（メッセージ）

どんなメッセージを伝えれば相手は行動してくれるか

なぜ必要か？

　社内や取引先との打ち合わせやメール、プレゼン、朝礼でのスピーチなど、ビジネスの現場では様々なコミュニケーションが発生します。しかしながら、メッセージの伝え方が上手な人と、そうでない人がいます。

　上手くないメッセージの伝え方の特徴として、「聞き手の立場を理解していない」「何がメッセージなのか分からない」「自分の主張だけで聞き手にどうしてもらいたいのか分からない」ということが挙げられます。

　こうしたことにならないよう、メッセージを発信する際には、AIMを意識する必要があります。

　さて、近年では、「何事も情報の共有が大事」とばかりに、やたらとCCでメールが送られてきます。「このメールは、自分に何の関係があるのかな？」「別に送ってこなくてもよいのだけど・・・」

と思った経験がみなさんにもおありだと思います（そのくせ、本当に共有すべき情報は送られてこないように感じるのは筆者だけでしょうか？）。

　こういう事態が続くと、一斉メールが来るたびに社員は「また不要な事務連絡か」と思って、内容を確認せずに削除してしまうといったことにもなりかねません。その結果、本当に必要なメッセージが社員に伝わらなくなってしまうことにもなります。

　「誰に伝わればよいのか」「伝えることによって相手に何をしてほしいのか」「どんなメッセージを伝えれば相手は行動してくれるか」を意識してメッセージを発信したいものです。

シーンの場合はどうするか？

　シーンの場合、遠方の出張の際の交通費・経費精算書変更に関係する人は、ごく一部でしょう。仮に関係するのが、営業社員10名と、実際に精算書を作成するアシスタント5名であれば、それ以外の社員にメールを送る必要はありません。また、営業社員とアシスタントとでは、知っておいてもらいたい情報も異なるかもしれません。

　よって、エリカはメールを送る前にまず次のことを考える必要があります。

　A＝Audience（聴衆）：

この変更を誰に伝えるべきか

⇒遠方への出張業務の可能性のある営業社員と、精算書を作成する事務アシスタント

I＝Interest（目的）：

誰に何をしてほしいか

⇒営業社員には変更した事実を知ってほしい、事務アシスタントには、新しい精算書の様式で提出・作成してほしい

M＝Message（メッセージ）：

営業社員とアシスタントに同じメッセージを送ってよいか

⇒営業社員には、「出張・経費精算書の書式が変わりますので、アシスタントに伝えました」と数行のメールを送る、アシスタントには、詳細な長文メールとサンプル書類を送る

> メッセージを送る際には、まず「誰に送ればよいのか」を考える。
> その上で、必要な情報だけを送るようにしよう！

2 PREP

必須度
A

短い時間で相手に印象づける プレゼンをする

―シーン―

　新しく就任した社長が、明日、懇談のために職場にやってくる。1人1人に2分程度で会社についての自由な提案を求めるという。滅多にないチャンスである。経験をひととおり積み、自信がでてきたイッペイは、以前から考えていた新サービスを提案しようと考えた。しかし、自分に与えられた時間はわずかである。

　どうすれば社長に対し説得力のある提案ができるだろうか？

フレームワークの説明

　PREPとは、プレゼンテーション技法の1つで、「P＝Point（結論）」「R＝Reason（理由）」「E＝Example（事例、具体例）」「P＝Point（結論を繰り返す）」の順で展開することです。

なぜ必要か？

　メッセージの伝え方は、なるべくシンプルなほうがよく、論点を絞るべきです。これは、「KISS（Keep It Simple and Specific：シン

プルかつ具体的に）あるいは（keep it simple, stupid：簡単にして
おけ！このまぬけ！）」と表現されます。

　エレベータートークをご存知でしょうか？これは、「同じエレベー
ターに乗り合わせた際に話せる程度の、ごく短い時間の中で、自分
の言いたいことを相手にわかりやすく簡潔に伝える」というもので
す。「アメリカのベンチャー企業の創業者が、エレベーターで資金
を出してくれそうな投資家に出くわした際に、どうやって自分のビ
ジネスを売り込むか」というのが、もともとの語源です。

　相手はあなたの話をじっくり時間をかけて聞こうとなどと思って
いません。向こうも忙しいのです。そんな中で売り込むためには、
エレベータートークが必要です。これは報告や会議の場でも同じで
す。

　会議でぐだぐだと御託を並べてから結論を言う人がみなさんの職
場でもいるでしょう。聞いている方としては苦痛でしかありません。
結論しか関心がないからです。ですから最初に結論を言ってから、
いくつか根拠（理由）を並べる形で説明しましょう。

　シンプルかつ具体的にするコツは、次のとおりです。

・一番大事なことにメッセージを置く
・メッセージを30秒で要約してみる

・1つのテーマでポイントは3つ（多くて4つ）に絞る

・目的やキーメッセージは冒頭で話す

「マジックナンバー 4±1」というものがあります。これは人間が一度に処理できる情報量は、せいぜい4±1程度であるというものです。以前はマジックナンバー 7±1といわれていましたが、その後の調査でそんなに沢山処理できないことが判明しました。

なおここで4つというのは、チャンクと呼ばれる「意味を持つ塊」の数です。たとえば、4人の名前、4つの場所、4つの商品、4桁の数字といったことです。

シーンの場合はどうするか？

シーンの場合、おおよそ次のようなメッセージの構成が考えられるでしょう。

P＝Point（結論）

前結論で主張を述べます。

例）○○サービスを提案する

R＝Reason（理由）

結論を裏付ける根拠を述べます。1つでは根拠が弱く、多くても冗長になりますから、3〜4つが理想です。

例）取引先から要望がある、取引先のかかえる問題のソリューショ

ンにつながる、自社の強みをいかせる、追加のコストがあまりかからない

E＝Example（事例、具体例）

結論をわかりやすく説明するために具体例を述べます。また具体例を挙げて結論の根拠づけをします。

例）他社はすでに実施している、海外で実施例があり市場が拡大している

P＝Point（結論を繰り返す）

メッセージを強調するために結論を繰り返します。

例）以上より、○○サービスは需要が見込める

・プレゼンは「前結論」が絶対条件。

・「結論⇒理由⇒事例・具体例⇒結論」の順で簡潔に述べよう！

SUCCESSの法則

必須度 B

自分の話に関心を持ってもらう

──シーン──

旅行会社入社2年目の営業のノリコは、クライアント企業の社内旅行のプレゼンを担当することになった。明るい性格が買われての抜擢であったが、客先でのプレゼンは初めての経験であり、不安が一杯である。

企画書を練り上げたノリコは、本番の3日前に、親しくしている先輩にプレゼンのリハーサルに付き合ってもらうことにした。企画内容を徹底的に頭に叩き込んだノリコは、相手を見ながら、概要、具体的な内容、クライアントにとっての価値、採用実績について、企画書の順に説明した。

「我ながら過不足なく説明できたな」と自画自賛気味のノリコであるが、「う〜ん、印象に残りにくいというか、何かインパクトが足りないんだよね。」と先輩の感想はひややかである。

ノリコのプレゼンにはどこが問題があったのだろうか？

フレームワークの説明

SUCCESsの法則とは、アメリカのベストセラー作家のハース兄弟によるメッセージの伝え方の6つのポイントのことです。

Simple：単純明快である

Unexpected：意外性がある

Concrete：具体的である

Credible：信頼性がある

Emotional：感情に訴える

Story：物語性がある

なぜ必要か？

　企画書では「伝えるメッセージをなるべく絞る」ことや、「具体的な例やデータを用いたり、複数の根拠を示したりして、聞き手からの信頼感を得る」ことが重要です。

　ただし、直接話し手が聞き手に訴えかけるプレゼンでは、企画書と異なるポイントがあります。それが印象を高めるための「Emotional：感情に訴える」と「Story：物語性」です。

　話し手はアピールしたい点を熱く強く語る必要があります。弱々しい伝え方では信頼性に欠けてしまいます。

　もちろん態度や姿勢、ジェスチャーなども大事です。フェイス・トゥー・フェイス・コミュニケーションにおける情報には、言語情報（話の内容）、聴覚情報（話し方）、視覚情報（見た目や表情など）の3つがあり、それらが一致しない場合、影響力は順に7%、38%、

55%という研究結果があります（メラビアンの法則）。つまり、せっかくよい内容でも、早口だったり、弱々しい声で、視線が泳いでいたりすると、説得力がなくなってしまうのです。

　ただ企画書を読み上げるということがよく見られますが、これでは聞き手にあなた自身やあなたの話に注意を持たせることができなくなります。その結果、印象には残りません。

　企画書をただ順に読み上げるのではなく、起承転結など話にストーリー性を持たせると、聞き手を引き込むことができます。プレゼンは、内容もさる事ながら、印象で決まる部分が大きいです。相手に直接訴えかけることができるという貴重な機会を生かすために、話の展開を工夫してみてください。

シーンの場合はどうするか？

　シーンの場合、「Simple：単純明快である」「Concrete：具体的である」「Credible：信頼性がある」はできていそうですので、残りの3つを工夫してみるとよいでしょう。

　「Unexpected：意外性がある」は一見、ハードルが高いように思うかもしれません。しかしながら、こちらが当たり前と思っているようなことでも、知識がないクライアントにとっては、案外、知らないことであったりします。

　どういう話が受けるのか同僚などに話を聞いて、取り入れるとよ

いです。意外性を持たせることができれば、「Story：物語性がある」
もつくりやすくなります。

　あとは、明るく、自信を持った態度と話し方でプレゼンすること
です。

- プレゼンは、相手に直接訴えかけることができる絶好
  の機会。
- どうすれば相手の印象に残るか話の展開を工夫し、自
  信を持って臨もう！

---

4 3つの 交渉パターン

必須度 B

使う目的 **交渉で互いの満足度を高める**

————シーン————

　オフィス用家具の営業マンのマサキは、主要取引先であるX社から、急な増員にともなう100名分のデスク、イス、キャビネットの引き合いをもらった。客先からは、以下の条件が提示されている。

・総額3,500万円以内に費用をおさえること
・週末を使い、月1回ずつ3回に分けての納品を希望する
・特に30名分は至急納品してほしい
・支払い条件は、これまでどおり、半年後に現金振り込みにて支払う
・条件をのんでくれなければ他社に発注することも検討する

　X社は重要顧客であるため、他社に注文を取られるわけにはいきかない。かといって、相手の条件をすべてのんでいては赤字になる可能性がある。
　マサキは、どのように対処すべきだろうか？

フレームワークの説明

　交渉には、3つのパターンがあります。

（1）分配型交渉

　限られたパイをめぐって、相互が自分の取り分（利益）の最大化を図るために行う交渉のことです。自分が得をすれば相手は必ず損をするし、相手が得をすれば自分は必ず損をするというパターンです。価格交渉が典型的です。

（2）利益交換型交渉

　パイは限られていますが、自分が重要でない部分は譲り、その代わり自分にとっては重要だが相手にとっては重要でないものを引き出すというものです。

　ある法人取引で、売り手は代金をその場で現金で欲しいというニーズがあり、買い手はできるだけ安く買いたいというニーズがあったとします。この場合、売り手側が多少価格を安くする代わりに、買い手側からその場での現金支払いを求めるという交渉が成り立ちます。

（3）創造的問題解決型交渉

　交渉当事者が協力し合ってパイを拡大するというものです。パイを拡大すれば、互いの取り分は大きくなります。

　例としては、隣同士で客の取り合いをしていた店同士が、遠方からもたくさんのお客を呼ぶことで互いに利益を高めるために、話し合いで協力し合って共同で販促活動を行うことにしたといったことがあります。

分配型交渉は「WIN-LOSE型」、利益交換型交渉と創造的問題解決型交渉は「WIN-WIN型」と言えます。

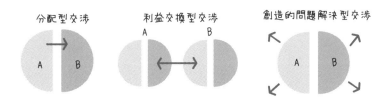

分配型交渉　　　利益交換型交渉　　　創造的問題解決型交渉

なぜ必要か？

交渉を「自分の利益を最大化するためのかけひき」「限られた利益の奪い合い」と考えてしまうと、当事者同士が互いに譲らず、交渉がまとまらなかったり、力関係で上にある相手に押されて、十分な利益を得ることができなかったりといったことになってしまうでしょう。

できるだけ分配型ではなく、利益交換型（場合によっては創造的問題解決型）の余地がないか検討する必要があります。

通常、交渉から得られる利益は1つだけではなく、複数あります。交渉によって得られる自分と相手の利益をピックアップして、「自分には価値がないが相手には価値があるものがないか」「自分には価値があるが相手には価値がないものがないか」検討すると、利益交換型の余地が生まれます。

シーンの場合はどうするか？

　シーンの場合、X社は5つの条件を示していますが、すべてが絶対条件とは限らず、何らかの優先順位があるはずです。マサキは客先に次のような問いをしてみるべきです。

　「5つの条件のうち、絶対的なものはどれか（あるいは譲れるものはないか）」
　「もし価格が絶対条件であるならば、効率化のために1回でまとめて納品してよいか（あるいは支払い条件を見直してもらえるか）」
　「納入条件を飲めば、価格や支払い条件は考慮してくれるか」

　客先だからといって、相手の要求を絶対視するのではなく、譲ってもらえる部分がないか尋ねる必要があります。「自分には価値がないが相手には価値があるもの」「自分には価値があるが相手には価値がないもの」があれば、条件を交換することによって互いに満足度が高まるでしょう。

・交渉は利益の取り合いではない！
・ただ相手の要求を鵜呑みにするのではなく、自分と相手がともに得する余地がないか検討してみる。

交渉の4つの
ステップ

必須度
A

使う目的 難しい交渉に臨む際の準備をする

――シーン――

　ジュンヤはある企業のコールセンターで契約社員として働いている。契約社員とはいえ、スタッフの採用、育成、マニュアルの作成や改訂などを一手に任され、連日、激務に追われている。スタッフからの信頼も厚く、コールセンターではもはやなくてはならない存在である。

　ジュンヤの給料は年棒制である。年棒更改の時期を迎え、自分の貢献に見合う給料水準に上げてもらおうと、上司であるセンター長との面談に臨んだ。

　「毎日、遅くまでがんばっています。昨年は給与額が据え置きでしたが、自分の貢献を考えていただき、今回は昇給していただけないでしょうか。」

　昇給を勝ち取ろうとするジュンヤに対し、上司は「君は本当によくやってくれている。だけど今期もライバル会社の新製品に注文を取られ、業績が厳しい。人事部からは経費削減を求められている。申し訳ないが我慢してくれ」となだめられてしまった。
　「今回も泣き寝入りするしかないのか」と落胆するジュンヤに何か手はないだろうか？

フレームワークの説明

交渉は、次の4つのステップに分かれます。

①交渉すべきかどうかを算定する（ASSESS）
②情報を集めて準備する（PREPARE）
③相手の意見を聞く（ASK）
④パッケージで提案する（PACKAGE）

なぜ必要か？

交渉の目的は、「自分の利益を最大化すること」です。よって、準備段階で自分の得たい利益を明らかにしておく必要があります。

交渉では相手との利害の対立があり、自分の主張がそのまま通るわけではありませんから、「譲れる部分はどこか、譲れない部分はどこか」を想定しておく必要があります。また相手の情報を多く知っていれば、交渉の過程でそれだけ様々な選択肢を提案しやすく、対立を解消しやすくなります。

＜交渉すべきかどうかを算定する＞

まず交渉した場合のメリットとデメリットを挙げて、「そもそも交渉するに値するか」を検討します。たとえば「相手の機嫌を損ね、人間関係を失う」といったデメリットのほうが大きく、交渉しないほうが良い場合もあります。また、交渉というと「どうしても話をまとめなければならない」と考えがちですが、自分にとって利益が

ないのであれば、交渉は打ち切るべきです。

＜情報を集めて準備する＞

交渉すると決まったら、次のことを考えましょう。

・自分はこの交渉で何を得たいのか。

・得たい利益の最高目標と最低目標はどこか。

この範囲をZOPA（Zone Of Possible Agreement：ゾーパ、交渉が妥結する可能性のある条件範囲）と言います。できるだけ最高目標に近づけたいですが、相手の出方を見ながら譲歩します。最低目標を下回るのであれば、交渉を打ち切ります。

なお、利益の最低目標の基準となるものに、BATNA（Best Altenative To a Negotiated Agreement：バトナ）があります。これは、「交渉が決裂した時の対処策として最も良い案」のことです。たとえば転職活動での条件交渉で言えば、現在の勤め先の労働条件がBATNAになるでしょう。BATNAが貧弱だと交渉力は弱くなります。

・この交渉は、3つのパターン（分配型・価値交換型・利益創造型）のどれか

「4．3つの交渉パターン」で触れたように、価値交換型や利益創造型の交渉にならないか検討します。

・協議事項は何か

ビジネスの交渉では、協議することが1つということはまずありません。たとえば売買交渉であれば、価格、納期、支払い条件、オプション対応など協議することはいくつもあります。協議（あるいは自分にとっての利益）をできるだけ多く挙げ、優先順位や話し合

う順序を考えます。

＜相手の意見を聞く＞

交渉の過程で、相手の事情を多く引き出し、判断の材料にします。交渉のエキスパートは、みな「聞き上手」です。できるだけ多く相手にしゃべらせて情報を集め、こちらはあまりしゃべらず手の内を明かさないようにします。

＜パッケージで提案する＞

準備段階で挙げておいた自分の複数の利益のうち、譲れるものは譲り、代わりに相手にも譲ってもらいます。ここでも大事なことは「自分と相手に利益の違いはないか？」考えることです。

売り手側の優先順位が「価格＞納期＞支払い条件」の順で、買い手側の優先順位が「納期＞支払い条件＞価格」の順であれば、売り手が納期や支払い条件で譲り、買い手が価格で譲ることで、お互いが納得できる取引にまとまるでしょう。

シーンの場合はどうするか？

上司との交渉に当たり、ジュンヤは次のことを想定するべきです。

・相手との力関係の把握

ジュンヤはコールセンターで大黒柱の活躍をしていますから、上司としても抜けられると困るはずで、力関係では有利です。よって、多少は強気に出ても問題ないでしょう。

・利益目標の設定

利益目標の設定がなければ交渉に力が生まれません。自分が望む最高の給与水準と、最低の給与水準を想定しておく必要があります。

特にBATNAは必ず念頭に置く必要があります。ジュンヤの場合、仮に転職した場合に得られる給与額がBATNAになります。あらかじめ調べておいて、それを基準に上司との交渉にあたると交渉に力が生まれます。

・給与額以外の利益の整理と優先順位付け

もし給与額で折り合わなかった場合に備え、それ以外の利益を考えておきます。たとえば仕事量、仕事内容、勤務時間などです。給与額で譲る代わりに、こうした利益を獲得できないか交渉する余地があります。

また、上司に沢山話をさせ、「上司がどのような状況に置かれているのか」「何を望んでいるのか」情報を集めることも必要でしょう。たとえば「経費全体の削減」が望みだとしたら、ジュンヤの給与を上げる代わりに、外注に出していた仕事をジュンヤが引き受けることにすれば、上司の希望にかなうはずです。

- 交渉は事前の準備でほとんど決まる。
- 相手にたくさん話させて、交渉の材料になる情報を集めること！

6 3つの説得技法

必須度 A

 相手に応じた柔軟な交渉をする

----シーン----

　先日、部長から新サービスの企画書を出すようにいわれたオサムは、日頃から是非やりたいと考えてきたアイデアを企画書にまとめて提出した。企画書では、新規性があり、事前に行った顧客へのヒアリングの反応も上々であること、十分に利益が見込めることをアピールした。

　しかしながら、部長の反応は「前例がないので採用できない」「リスクが高い」とイマイチである。

　新サービスを行うことの経済的なメリットを粘り強く説いても部長はなかなか頭を縦に振らない。

　オサムはどのように部長を説得すればよいだろうか。

フレームワークの説明

　説得には、功利的説得、規律的説得、情緒的説得の3つがあります。

　功利的説得：相手の利益やメリットを強調する説得のしかた
　規律的説得：相手の規範や道徳観に訴えかける説得のしかた
　情緒的説得：相手の感情の訴えかける説得のしかた

状況に応じてこの3つを組み合わせたり、使い分けたりすることになります。

なぜ必要か？

相手に自分の考えを通したいときには、相手の関心に沿ってアピールすることになります。その際には、相手が優先して考えている点を想定する必要があります。

たとえば、「利益を上げることができる」「費用を抑えることができる」といった経済的な利益を優先しているのか、自分のポリシーにあうことを優先しているのか、「熱意ややる気を買いたい」といった感情的な面を優先しているのかによって、説得やアピールのしかたが異なります。

ビジネスの世界では、経済的な利益が優先されることが基本ですが、相手も人間、道徳観や感情といった非論理的な側面にも注目する必要があります。

また、交渉する相手には、次の3つの利益があると言われています。

①経済的利益

実質的な利益のことで、価格、納期、品質、支払条件などが該当します。

②過程についての利益

メンツを保ちたい、自己主張したい、尊重されたい、公平に扱っ
てほしいといった利益のことです。

③関係についての利益

相手と良好な関係を構築したいという利益のことです。

このうち相手がどの利益を優先するのかによって、説得やアピー
ルのしかたを変えていきます

シーンの場合はどうするか？

シーンの場合、おおよそ次のような説得の仕方が考えられるで
しょう。

○功利的説得

「この新サービスを展開することで、3億円の売上が見込めます」

○規律的説得

「当社は経営方針として、顧客第一主義を掲げています。今回の
私の提案はそれに沿うものだと考えられますが、いかがでしょう
か？」

「社長は年頭の挨拶で、従業員1人1人が積極的に提案して欲しい
とおっしゃっていましたので、私からも提案させていただきます。」

「先日、部長は顧客の声を丁寧に拾うようおっしゃいました。私
の企画はそれに沿ったものです。」

○情緒的説得

「かなりの時間を費やして企画を練りました。どうしてもこの企画を通したいのです。」「部長だけが頼りです。お願いします！」

また、3つの利益に着目した説得のしかたも考えられます。

①経済的利益

功利的説得のしかたと同じです。

②過程についての利益

「部長のご懸念はごもっともです。ぜひ部長のお考えをおうかがいし、企画案に反映させていただきたいと思います。」「さすが部長です。一緒に企画案を練り上げていただけないでしょうか？」

③関係についての利益

「私はこれまでも部長に認めてもらいたいと頑張ってきました。もしOKしてくださるのなら、部長のために全力を尽くします」「認可していただけるのなら、部長は新しいアイデアに積極的だと、部内のやる気も高まるのではないでしょうか？」

> 相手の関心は経済的利益とは限らない。
> 相手の関心や利益がどこにあるのかを考えて、柔軟な説得を試みよう！

説得への
4つの心理抵抗

必須度
B

渋る相手を説得をする

──シーン──

　ITコンサルティング会社で顧客管理ソフトの営業をしているケンジは、現在、老舗企業のX社の営業本部長に自社ソフトの売り込みをかけている。

　「当社のソフトを導入いただければ、営業効率が上がり、管理コストもこれまでの3割をカットすることができます。本部長、ぜひ導入をお願いします！」

　もともと体育会系で押しの強さには定評があるケンジは、自信たっぷりに自社ソフトを薦めるのであった。

　しかし本部長はソフトの機能の高さを認めつつも、「採用するか決めるのにもう少し時間がほしい」といつも最後には話をそらしてしまう。

　「さすがは老舗企業の本部長だけあって、腰が重いな。攻め方を変える必要があるかもしれないな」とケンジは考えている。

　ケンジは、本部長にどのようなアプローチをすればよいだろうか？

フレームワークの説明

人は相手から説得されると、身構えてしまう傾向があります。心理学者ノールズらは、説得への心理抵抗の4つの要因を指摘しています。

① リアクタンス：奪われた自由を取り戻そうとすること
② 不信：警戒心が強く、相手の提案や説明を疑うこと
③ 吟味：相手の提案や説明を慎重に検討しようとすること
④ 惰性：面倒くさがって、なかなか現状を変えようとしないこと

なぜ必要か？

ビジネス上の説得においては、相手は疑心暗鬼で、いいように言いくるめられるのではないかと身構えます。売り手からの強烈な売り込みに思わず引いてしまった経験がみなさんにもあると思います。こちらの提案や条件を受け入れてもらうためには、まずは身構えた防御姿勢を解除してもらわなければなりません。

心理的リアクタンスとは、心理学者ブレームが提唱したもので、「自由を制限されたり奪われたりすると、自由を回復しようとする心理が働く」というものです。あまりに押しつけがましく言うと、相手にとっては選択の自由が脅かされたと反発を招くことになります。

「私としてはおススメですが、よくご検討してお決めください」「A

案とB案があり、一長一短がありますから、ご自身の事情に合わせて最適なものをお選びください」といったように、相手に選択権があるような言い方が求められます。

　不信についての対応としては、相手方にどのようなメリットがあるのかきちんとデータや事例等で根拠を示し、具体的に説明することです。

　吟味についての対応としては、相手からの疑問に答えられるように、質問をシュミレーションし、回答を用意しておきます。

　現状を変えるには相当なエネルギーがいるため、現状を維持する修正が人間にはあります。よって、惰性についての対応としては、現状を維持することの問題点と、変えた際のメリットを具体的に示します。

シーンの場合はどうするか？
　シーンの場合、4つの心理抵抗のうち、意識したいのはリアクタンスです。

　まずは押しつけがましい言い方は避け、無理なお願いはしないといった姿勢が重要です。これまで押してダメだったわけですから、引いてみることです。
　たとえば、「社員の方が慣れていらっしゃる現状の顧客管理シス

テムを使い続けることも一案だと思います。私としては、当社の顧客管理ソフトをおすすめしたいのですが、御社の事情もおありでしょうから、よくご検討なさってください」といったように、相手側に主導権があるということを意識させます。

　ちなみに究極の交渉のあるべき姿として、「相手の勝利宣言を書く」というものがあります。交渉というと、どうしても「自分の利益を最大化するために、相手から利益を奪う」ということを考えがちです。

　しかし、こうした姿勢では相手の警戒心を招くだけで、交渉がまとまらなかったり、望む利益を得られなかったりします。相手との良好な関係を築くことも難しいでしょう。

　「相手が交渉に勝ったと思わせて気持ちよくさせ、うまく譲歩を引き出して利益を得る」ことが交渉のプロだというわけです。相手側に主導権があると思わせるようにコントロールすることが大事です。

> 「押してダメなら、引いてみる」
> 相手に主導権があると思わせるような説得のしかたを
> 心がけること！

Chapter

5

アイデア発想
のための
フレームワーク

Chapter5では、アイデア発想のためのフレームワークを取り上げます。

思考には2つのものがあります。

＜垂直思考（バーティカル・シンキング）＞

ある事実の束から疑えない結論を導き出す思考法です。適切に因果関係を整理して自分の意見の説得力を高めたり、問題解決力を高めたりすることが目的です。ロジカル・シンキングと呼ばれるもので、Chapter1や3で触れたフレームワークは垂直思考を高めるためのものです。いわゆる左脳型の思考法といってよいでしょう。

＜水平思考（ラテラル・シンキング）＞

斬新なアイデアを生むための思考法です。Chapter5で扱うフレームワークは水平思考を高めるためのものです。いわゆる右脳型の思考法です

ここで強調しておきたいのは、「斬新であること」と「論理的であること」はまったく別の能力であるということです。

アイデアの発想力というと、何か持って生まれた才能のような気がしますがフレームワークを持っていると意外と普通の人でもいろいろなアイデアを浮かべることができます。

1 SCAMPER

 強制的に多くのアイデアをひねり出す

> ——シーン——
>
> 文房具メーカーの商品企画部に配属されたマナミは、新商品のアイデアを考えている。大学時代、教員免許を取るために中学校に教育実習に行った経験があるマナミは、いまだにチョークと黒板を使っていることに大いに違和感を感じていた。
>
> 「チョークを使うと手は汚れるし、最後まで使い切れずに捨てることになるなんてもったいないわ。何かいいアイデアはないかしら？」
>
> 先輩からアイデアはできるだけ沢山出すことが大事だと言われている。
> 商品アイデアを沢山出すコツはないだろうか？

フレームワークの説明

　SCAMPERとは、アイデア発想手法のフレームワークで、次の7つの問いを使ってアイデアや発想を拡げる手法です。

- Substitute（代用品はないか？）
- Combine（結び付けることはできないか？）
- Adapt（応用・適用させることはできるか？）
- Modify（修正できないか？）あるいはMagnify（拡大できないか？）
- Put to other purpose（他に使い道はないか？）
- Eliminate（削除か削減できないか？）
- Rearrange/Reverse（逆にするか、並び替えできないか？）

なぜ必要か？

アイデアの発想力というと、何か持って生まれた才能のような気がします。しかしながら発想のためのフレームワークを持っていると意外と普通の人でもいろいろなアイデアを浮かべることができます。

SCAMPERはどうしてもアイデアが出ないときに、強制的にアイデアをひねり出す際に用います。 SCAMPERにはそれぞれサブ項目があります。かなり多いですが参考までに紹介します。

Substitute（代用品はないか？）

何を代用することができるだろうか？誰を？他にないか？／規則は変更可能か？／他の素材は？原料は？／他にプロセスや手順はないか？／他の能力に替えられないか？／ほかの場所はどうか？／他の方法はないか？／他に代わりとなるものにはどんなものがある

か？代わりにどんなパーツがあるか？

Combine（結び付けることはできないか？）

どんなアイデア同士が結び付けられるか？／目的を結びつけることができるか？／この仕分けかたはどうか？／混ぜたり、化合したり、アンサンブルは？／部分同士を結びつけてみてはどうか？／他にどんな品物を一緒に出来るか？／組み合わせをどのようにまとめていくか？／使い道を増やすために、何を結びつければよいか？／どんな材料を結びつけたらよいか？／魅力的なもの同士を結びつけたらどうか？

Adapt（応用・適用させることはできるか？）

他にこれと似たものはないか？／これから他の考え方が思いつかないか？／過去に似たものはなかったか？／何か真似することができないか？／誰かを見習うことができないか？／何か他のアイデアを取り入れることはできないか？／何か他のプロセスを応用できないか？／他に何か応用できるものはないか？／このコンセプトを違う状況に置くことができないか？／この分野以外のもので、何かを取り入れられないか？

Magnify（拡大できないか？）

何を拡大できるだろう？大きくしたり、引き伸ばしたりできるだろうか？／誇張したり、おおげさに言ったりできるだろうか？／何か付け加えられないだろうか？時間は？力は？高さは？／頻度はど

うだろう？「これぞ」の特徴は？／何か付加価値を与えられるだろうか？／複製できるところはないだろうか？／どうしたらドラマチックなまでに究極的に拡大できるだろう？

Modify（修正できないか？）

どうやったらよりよいものに変えられるだろうか？／どこを修正できるだろう？／新しい工夫はあるか？／意味、色、動き、音、香り、形態、形状を変えたら？／名前を変えてみたら？／他に変えられるところはないか？／企画の中で修正できるところは？プロセスやマーケティングではどうだろう？／他にどんな形が可能だろう？他のパッケージを使ってみたら？／パッケージは、商品自体の形態と組み合わせられるだろうか？

Put to other purpose（他に使い道はないか？）

他にどんな使い道があるだろう？／そのままで使える新しい用途はないか？／修正したら他の使い道が生まれないか？／他にどんなものができるだろうか？／拡張してみたら？他の市場ではどうだろう？

Eliminate（削除か削減できないか？）

もっと小さくなったらどうなるだろう？／何を省けるか？／分割できないか？裂くことができないか？パーツに分離できないか？／控えめに表現してみたら？／簡素化できないか？縮小版は？濃縮は？コンパクトには？／引き算できないか？削除できないか？／そ

のルールは撤廃できないか？／不必要なものはないか？

Rearrange（並び替えできないか？）

どんな再編をすればもっと良くなるだろうか？／構成要素を交換
できないか？／他のパターンやレイアウトにできないか？／他の並
べ方はないだろうか？順番を変えてみたらどうなる？／原因と結果
を入れ替えてみたら？／スピードを変えてみたら？／スケジュール
を変えてみたらどうだろう？

Reverse（逆にできないか？）

肯定・否定を入れ替えられないか？／反対にあるものとは何だろ
う？／否定的なものとは何だろう？／回転させてみたら？下ではな
く上に？上ではなく下に？／後ろ向きに考えさせてみたら？／役割
を逆転させてみたら？／予想と反対のことをしてみたらどうだろ
う？

**コツはとにかく沢山アイデアを出すことです。その際には「本当
に実現できるのか」は二の次にします。下手に実現可能性を考えて
しまうと、自由な発想ができなくなってしまいます。**

また、必ずしもSCAMPERの順に検討する必要はなく、またアイ
デアがでないなら飛ばしても構いません。慣れないうちは「Magnify
（拡大できないか？）」や「Modify（修正できないか？）」から始
めるのが手っ取り早いかもしれません。

シーンの場合はどうするか？

　シーンの場合、おおよそ次のようなアイデアが浮かぶでしょう（中にはもう商品化されているものがあるかもしれませんが）。

　（結び付けることはできないか？）

　ポインターにもなるチョーク、タイマー付きのチョーク、マイクになるチョーク、カートリッジ式チョーク

　（応用・適用させることはできるか？）

　ペンのようにキャップが付いたチョーク、スイッチ式のチョーク

　（修正できないか？）あるいは（拡大できないか？）

　汚れないチョーク、黒板に消し跡が残りにくいチョーク、減りにくいチョーク、折れにくいチョーク、三色チョーク、消しカスがでないチョーク、

　（削除か削減できないか？）

　黒板消しがいらないチョーク、黒板消し用のクリーナーがいらないチョーク

> ・アイデアに煮詰まったら、SCAMPERで強制的に発想する。
> ・代用、結合、応用・適用、修正・拡大、削除・削減を
> 　考えてみる。

2 類比法

必須度 B

斬新なアイデアを発想する

---シーン---

　銀行の支店に勤務するセイジは支店内会議で業務効率化について
アイデアを出すように求められた。これまで本部からの指示どおり
業務効率化に取り組んできたが、働き方改革の一環で支店としても
独自の取り組みを行いたいとのことである。支店長からは「若手ら
しく斬新なアイデアを期待している」と言われている。

　セイジとしても先輩行員とは違う視点を打ち出してアピールした
いところである。とはいえ、いくら考えてもアイデアが
浮かばない。

　悩むセイジに何か発想法についてアドバイスはないだ
ろうか？

フレームワークの説明

　類比法は、一見すると関連がなさそうなものと比べる発想法です。
異なるものと比べる、異なる視点で見ることで異分野のものを応用
します。

　類比法では次の3つのアナロジー（類推、比喩）を用います。

①直接的類比

似たものを探し出して、それをヒントにアイデアを発想する。

②擬人的類比

自分がその要素となりきって、その視点から発想する。

③象徴的類比

問題を抽象化して、シンボリックな視点から幅広く発想する。

なぜ必要か？

新しいアイデアを創造するといってもゼロから創造することは不可能です。**おおよそアイデアとは、程度の差こそあれ、何かの模倣か応用だと考えてよいです。ただし同じ分野ではなく、なるべく異なる分野から模倣・応用することが創造性に富んだアイデアになります。類比法はそのためのフレームワークです。**

ベンチャー企業のビジネスプランは、「海外の模倣」か「他業種からの応用」か「既存のビジネスモデルに新技術（主にIT）を導入」かのいずれかです。それだけでも十分に創造的なのです。

芸術家のピカソやアップルのスティーブ・ジョブズはこんなことを言っています。

「良い芸術家は真似をする。偉大な芸術家は盗む。」（パブロ・ピカソ）

「創造的な人は、どうやってそれをやったのかと聞かれると、ちょっと後ろめたい気持ちになる。実は何をやったわけでもなく、ただ何かに目を留めただけなのだ・・・さまざまな経験を結びつけて、新しいものを生み出すことができたのだ。」スティーブ・ジョブズ

　また実業家で発想法についての古典的名著「アイデアの力」（CCCメディアハウス）の著者であるジェームス W.ヤングは次のように述べています。

「アイデアとは既存の要素の新しい組み合わせである」

　たとえばアップルのマッキントッシュのユーザーインターフェース、OS、マウスは、スティーブ・ジョブズらがゼロックスのパロアルト研究所で見学したコンピュータ技術がベースとなっていますし、マックのデスクトップ・パブリッシング（DTP）はスティーブ・ジョブズが大学で受講していたカリグラフィー（西洋や中東などでの、文字を美しく見せるための手法）がヒントとなっています。

　在庫の削減策を例に各類比の例を挙げてみます。
　①直接的類比
　ダイエット、道路の渋滞、ゴミ問題と同様、減らすべきもの⇒在庫の可視化を図れないか？
　②擬人的類比
　在庫は皮下脂肪のようなもの⇒在庫の新陳代謝を図れないか？

③象徴的類比

在庫は断捨離、カゴに入った玉いれの玉、枡に入った豆まきの豆のように詰まったもの⇒部門ごとで在庫をさばくことを競わせられないか？

また製品のアイデアについては、生物や人体を類比対象とする場合があります。生物の生態を模倣した技術をバイオミミクリー（生物模倣技術）といい、次のような例があります。

新幹線500系の先頭車両のデザイン←カワセミのくちばし
同パンタグラフ←フクロウの羽
洗濯機の回転盤←イルカの背びれ
マジックテープ←ごぼうの実
競泳水着←サメの肌
接着テープ←ヤモリの足
トヨタの超省エネエンジン←アネハヅルの血流

組織運営や業務プロセスを考える際に、人体からヒントを得ることもあります。たとえば京セラのアメーバ組織（変化に柔軟な組織）、静脈物流（回収や排気のための物流）もそのような例と言えるでしょう。

シーンの場合はどうするか？

未経験者にとって擬人的類比や象徴的類比はハードルが高いで

しょうから、一番手っ取り早い直接的類比を試してみましょう。

　まずは同業他社の取り組みを模倣するのも手ですが、そんなことはすでに先輩社員も知っていると考えられます。よって異業種の取り組みを応用してみるとよいです。

　概して製造業と比べてサービス業では業務効率化の体系的な取り組みが見られません。1円でもコストを省く、1秒でも時間を節約するといった取り組みが長年行われている製造業の改善手法はかなり体系化されており、素人でもわかる市販書籍が多く存在します。そこからヒントを得るのです。

> **アイデアとは既存の要素の新しい組み合わせである。**
> **発想に詰まったら「異なるものと比べる」、「異なる視点で見る」ことで異分野のものを応用してみよう！**

シックスハット法

必須度 B

 アイデアを多角的に評価して洗練させる

> ——シーン——
>
> サービス業のマーケティング部門に勤務するユウスケはパンフレットやチラシなどの販促物の印刷業者への発注を担当することになった。
>
> これまで自社で内容を考えた上でX社に印刷を依頼してきた。先日X社のライバルのY社の営業マンがやってきて話を聞いてみたところ、Y社ではただ印刷して納品するだけでなく、売上につながるマーケティングの提案まで行うという。最新の販促物のノウハウが得られそうなので、ユウスケとしてはY社に切り替えたほうがよいと考えている。
>
> 早速、勢い込んで上司に提案したところ、「確かにY社はよさそうだね。ただしもう少し両社の総合的な評価を聞きたいので、判断材料となる資料を用意するように」と言われてしまった。
>
> ユウスケの判断に何か誤りはなかっただろうか？また上司にどのような資料を用意すればよいだろうか？

フレームワークの説明

シックスハット法とは、エドワード・デ・ボノが開発した発想法です。次の6つの帽子（シックスハット）のうち、いずれかの帽子

をかぶったという意識で発想します。

　白い帽子：客観的・中立的な視点

　赤い帽子：感情的な視点

　黄色い帽子：肯定的な視点

　黒い帽子：批判的・消極的な視点

　緑の帽子：積極的・希望的な視点

　青い帽子：思考的・管理的な視点

なぜ必要か？

　人は誰でも自分では意識せずとも、何らかの思考に偏りがちです。「異なる帽子をかぶる」というちょっとした儀式をすることで視点を変え、新たな発想を生み出そうというわけです。

　チームでの発想の場合は、次のような手順になります。

　①最初はチーム全員が白の帽子をかぶって、客観的な事実の把握や情報の洗い出しをする。

　②赤の帽子をかぶり、アイデアに対しどんな感情や直感を持ったかを話し合う。

　③黄色の帽子をかぶり、メリットを考えるなどアイデアを肯定的に考える。

　④黒の帽子をかぶり、デメリットを考えるなどアイデアを否定的に考える。

　⑤緑の帽子をかぶり、新しいアイデアやアイデアの補強を発想す

る。

　⑥青の帽子をかぶり、アイデアを実行するための手順や期限を含めた計画を考える。

　※テーマに応じて順番を入れ替えるのは可です。

　注意点としては、同時に全員が同じ帽子をかぶり、その時だけは同じ観点で考えることです。また帽子をかぶるねらいは、「強制的に他の視点で考える（他の立場になりきる）」ためです。帽子をかぶるのが気恥ずかしかったら、バッチやネームカードで代用しても構いません。

　シックスハット法はチームでの発想法ですが、その考え方は個人での発想にも応用できます。先に挙げた手順で強制的に自分の考えとは異なる視点でアイデアを評価します。普通は自分のアイデアのメリットだけを考えがちですから、デメリットを考えてみることは特に大事です。

シーンの場合はどうするか？

　シーンの場合、ユウスケは少なくともY社に対する肯定的な面（メリット）だけでなく、否定的な面（デメリット）についても考えて、総合的に判断するべきでした。

　ちなみにアイデアや意見について、「賛成意見＝Pros（プロス）」

と「反対意見＝Cons（コンス）」を整理・比較して評価するフレームワークをプロコン表と言います。シックスハット法の黒い帽子、黄色い帽子の役割を担うものです。どうしてもY社に切り替えたい場合は、Y社のデメリットを克服するような対策（Y社や社内への説明資料を用意するなど）を考える必要があります（緑の帽子）。

Y社のプロコン表 ①

賛成意見 （メリット）	影響度	反対意見 （デメリット）	影響度
提案による 販促内容が 洗練される	4	費用が やや高い	3
最新の マーケティング 知識が得られる	4	自社の要望を いちから伝える 手間がかかる	4
事務所が近く 急な要望にも 対応してもらえる	4	業者切り替えに ともない他の スタッフが 混乱する	4
担当者が 信頼がおける 人物	3	会社の 知名度が低い	5
合計	15	合計	16

　上のようにY社に対する肯定的な面（賛成意見）と否定的な面（反対意見）を洗い出して相互的に評価して業者の選択を判断するので

す。各項目について影響度（プラスの影響とマイナスの影響）をつけ、プラスの影響度の合計がマイナスの影響度の合計を上回ればY社に切り替え、下回れば現状維持になります。上の例では、各項目を5点満点にして評価しています。この場合はプラスの影響度の合計がマイナスの影響度の合計を下回るので現状維持という結論になります。

　①の例では各項目の影響度は一律に5点満点でしたが、実際には優先すべき項目とそうではない項目があります。よって、各項目の重要度をあらかじめ決めておき得点に反映させるとより精度が上がります。

Y社のプロコン表 ②

賛成意見 （メリット）	満点	得点	反対意見 （デメリット）	満点	得点
提案内容	30	24	費用の高さ	30	18
知識習得	30	24	要望伝達の手間	30	24
対応スピード	30	24	社内の混乱	30	24
担当者の質	10	6	会社の知名度	10	10
合計	100	78	合計		76

今度はプラスの得点の合計がマイナスの得点の合計を上回りY社

に切り替えるという結論になります。このように評価の仕方が変わると結論が変わることには注意したいところです。

　今回はY社のみの評価でしたが、本来はX社についても同様に評価して、点数（プラスの得点の合計−マイナスの得点）が高い方を採用するという決め方が望ましいでしょう。

・アイデアの評価にあたっては、客観的・感情的・肯定的・批判的・積極的・思考的な視点を持つこと。
・できるだけ自分とは異なる考え方をすることでアイデアを洗練させよう！

Chapter

6

キャリア形成
のための
フレームワーク

Chapter6では、長いキャリアを充実させるためのフレームワークについて取り上げます。

　学校を卒業し、大抵の人は40年以上働くことになります。長いビジネスパーソンとしてのキャリアの中では、「自分がやりたいことは今の仕事なのだろうか」「このまま今の会社に勤めていてよいのだろうか」「今の仕事は自分に向いているのだろうか」といった不安や疑問を感じることもあるでしょう。

　「自分のなりたい姿を思い浮かべ、それを実現するために計画を立てなさい」とよくいわれます。確かにプロのスポーツ選手や芸能人、ベンチャー企業家のように、人生の早い段階で目標を立てて、その実現に向けて計画的に取り組んでいる人はいます。

　しかし、そのような人はむしろ例外でしょう。人生は偶然の連続です。「第一希望ではなかった会社に、たまたま入った」「たまたま良い人に巡り合って、自分のやりたいことがわかった」「最初はつまらないと思っていた仕事でも、やっているうちに面白くなり、自分の進む道がわかった」といったように、偶然の縁や機会がきっかけで自分の人生が開かれることが多いのです。

　自分のキャリアに疑問を感じたら、ここで取り上げるフレームワークをぜひ参考にしてみてください。

1 ビッグ・ファイブ

必須度
B

自分にとって必要な性格を把握する

――シーン――

新入社員のマサトは、広告代理店の営業に配属された。学生時代から友人には真面目で誠実な性格だといわれてきたが、自分でもあまり人前で話すことは苦手で、どちらかというと引っ込み思案だと思っている。

実際に配属されてみると、上司や先輩には体育会系の人が多いようだ。強気の性格の同期は、すでに営業成績を上げたようである。

正直、人に何かを売り込むという営業の仕事が自分に向いているのか今から不安である。

何かマサトにアドバイスすることはできないだろうか？

フレームワークの説明

人間の能力は、大きく認知スキル（知性、知能、学力などテストで測れるもの）と性格スキル（個人的な性格的特徴でテストでは測れないもの）に分かれます。ビッグ・ファイブとは、性格スキルにかかわる5つの特性を示したものです。1980年代に心理学者たちが、様々な人間の性格に関する検査結果を統計的にまとめました。

性格スキルのビッグ・ファイブ

	定義	側面
開放性	新たな美的、文化的、知的な経験に開放的な傾向	好奇心、想像力、審美眼
真面目さ	計画性、責任感、勤勉性の傾向	自己規律、粘り強さ、熟慮
外向性	自分の関心や精力が外の人や物に向けられる傾向	積極性、社交性、明るさ
協調性	利己的ではなく協調的に行動できる傾向	思いやり、やさしさ
精神的安定性	感情的反応の予測性と整合性の傾向	不安・いらいらや衝動が少ない

なぜ必要か？

　ビッグ・ファイブは仕事の成果（業績）に影響を与えます。下記は、これまでの研究成果をもとに仕事の成果と各ビッグ・ファイブ特性との相関係数（2種類のデータの関係を示す指標）をみたものです。値が1に近いほど正の相関（その性格が当てはまるほど仕事の成果が高まる）があり、値が小さいほど相関が弱く、マイナスになると負の相関（その性格が当てはまるほど仕事の成果が低くなる）があります。

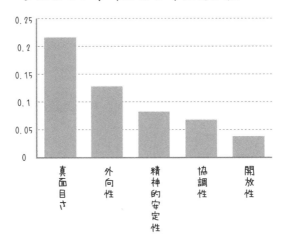

各性格と仕事の成果との相関係数

（グラフ縦軸目盛）0.25, 0.2, 0.15, 0.1, 0.05, 0

（グラフ横軸）真面目さ　外向性　精神的安定性　協調性　開放性

　各性格と仕事の成果との関連性の強さでは真面目さが一番高く
なっています。真面目さの重要性は、仕事の種類や特徴にはあまり
依存せず、広範な職業に影響を与えることが明らかになっています。

　一方、明るさ、社交性を示す「外向性」と仕事の成果との相関係
数は、プロフェッショナル（学者、医師、弁護士など）の場合、マ
イナスですが、管理職、営業職では0．18、0.15と業種の中では最
も高い数字となっています。やはり他人との交流や協調がより求め
られる職種ほど「外向性」が重要になってきます。

「真面目さ」と並んで職業人生に強い影響を与える性格スキルとしては、「精神的安定性」の側面の1つである「統制の所在（責任の所在を他人や環境ではなく自分自身に求める程度、自己責任感の度合い）」や「自尊心」が挙げられます。

職に就く前の「自己責任感」や「自尊心」が強いほど、将来の賃金が高くなることが、いくつかの研究で明らかになっています。

認知スキルは10歳までにかなり開発されますが、性格スキルは10代以降もかなり鍛えることができます。イリノイ大学のブレント・ロバーツ氏らは、これまでの研究を総合し、「外向性」を「社会的優越（自己主張が強い性向）」と「社会的バイタリティ（1人を好まず群れたがる性向）」に分けた上で、年齢によるビッグ・ファイブの変化を調べました。

これによると「社会的優越」「真面目さ」「精神的安定性」「協調性」は長い人生を通じて伸び続けます。一方、「開放性」「社会的バイタリティ」は20歳前後でほぼ決まり、特に「社会的バイタリティ」はそれ以降、低下していきます。

ビッグ・ファイブの中でも人生の成功で特に重要な「真面目さ」「精神的安定性」「協調性」については、10代の伸びよりもむしろ、20代、30代の伸びが大きくなります。

一方、認知スキルのほうはどうでしょうか。認知スキルを結晶性知性（知識）と流動性知性（思考力）に分けた分析によれば、前者は人生の中で高まり続けますが、後者は逆に低下し続けることが知られています。

知識はストックですので年月を経るとともに蓄積され伸び続けますが、思考力は10代までのできるだけ早い時期に鍛えることが重要になります。

シーンの場合はどうするか？

シーンの場合、おおよそ次のようなアドバイスが考えられるでしょう。

・営業の仕事は、「お客様の抱えている問題を解決すること」だ。
・そのためには、まずお客様にお話をうかがって、抱えている問題を探ること、そしてその問題に真摯に向き合うことが大事である。
・お客様が抱えている問題点がわかったら、どうすればそれが解決するのかを、お客様の立場に立って粘り強く考えることが求められる。
・確かにある程度外向的であることは求められるが、自分の強みである誠実性を武器にして、自己責任感とプライドを持って当たれば、いずれ営業成績は上がるから、粘り強く取り組んでほしい。

- 性格には、開放性、真面目さ、外向性、協調性、精神的安定性の5つがある。
- ビジネスパーソンにとって重要な性格は、第一に真面目さ、次に自己責任感、自尊心である。

2 GRIT（やり抜く力）

必須度
B

使う目的 **大きな目標をやり遂げる**

――シーン――

　新米広告プランナーのミオキには、経験を積み、スキルを磨いて超一流の広告プロデューサーとして成功したいという夢がある。

　広告プランナーの役割は、クライアントの意向を受けて、どんな広告を作るかを企画・立案することだ。トレンドに敏感な情報収集力と、それを言語化する表現力、クライアントの求めるものが理解できるコミュニケーション力、プロジェクトをまとめる調整力が求められる。一見華々しいイメージがあるが、キャリアを積むためには長年の地道な努力や研鑽が必要だ。

　こういってはなんだがミキオは飽きっぽい性格で、長続きしたためしがない。「本当に自分は超一流になれるのか」と不安なミキオに何かアドバイスはないだろうか？

フレームワークの説明

　ビッグ・ファイブの中で職業人生にもっとも影響があるのは「真面目さ」だということを触れました。「真面目さ」とほぼ同じ意味で使われる言葉として、GRIT（グリット：やり抜く力）があります。なお、GRITとは、以下の4つの語の略です。

Guts（度胸）：困難なことに立ち向かう

Resilience（復元力）：失敗しても諦めずに続ける

Initiative（自発性）：自分で目標を見据える

Tenacity（執念）：最後までやり遂げる

なぜ必要か？

　ベストセラーとなった「やり抜く力 GRIT（グリット）」（ダイヤモンド社）の著者であるペンシルベニア大学心理学教授のアンジェラ・ダックワース氏によれば、素晴らしい業績やパフォーマンスを上げるために必要なことは、才能ではなく「やり抜く力」だと言います。

　何か高いレベルのことを達成するには、「スキルを得る努力」「スキルを活用する努力」の2回に努力が必要になります。その努力にかかわるのが「やり抜く力」です。

　「やり抜く力」は、次のように示されます。

　「やり抜く力」＝「情熱」×「粘り強さ」

　「情熱」＝「興味」×「目的」

　一時的に頑張るだけでは「やり抜く力」にはなりません。「粘り強さ」があるのは瞬発力ではなく持久力が重要であることを意味し

ています。困難があってもへこたれない気持ちが求められます。

　また「情熱」とは、単に熱心なだけでなく、長い間1つのことにじっくりと取り組むということです。いくら興味があって好きだと言ってもあれこれ目移りするようようではだめです。そして、そのような「情熱」を持つためには、自分の人生で何を成し遂げたいのか、人生の大きな目標や目的が必要となります。

　「人生において高い目標をやり遂げる」「一流になる」ためには、地道な練習や努力の積み重ねが必要です。「1万時間の法則」というものがあります。これは、何事も一流になるためには、1万時間の練習が必要だということです。しかしながら、単に長時間練習すればよいわけではありません。多くの人はその前に脱落してしまいますが、仮に長時間練習してもスキルが頭打ちになってしまう人が多いです。

　トップクラスのエキスパートは、単に長時間練習するのではなく、「意図的な練習」を行っているのです。意図的な練習には、次の4つの条件があります。

　①明確に定義されたストレッチ目標
　今までどおりやれば達成できるような目標では成長はありえません。自分のスキルがアップするような1つの明確なストレッチ目標を設定します。

ストレッチ目標とは、「努力しなければ達成できないような少し背伸びした目標」のことです。たとえば短距離走の選手が今の記録が100m10.3秒なら、次は9秒台を目指すといったことです。なお、目標は具体的に設定する必要があります。具体的でないと自分がどこまで達したか評価できないからです。

②完全な集中と努力

　テレビで一流のスポーツ選手の練習を見ると、コーチが付きっきりで指導しているように見えますが、実は1人で練習している時間のほうが長かったりします。練習時間の7割は1人での練習という選手もいます。1人で個々の動作をゆっくり丁寧に確認するためです。

　音楽家の場合も、グループや他の音楽家と練習するよりも、1人で練習する時間が多い人ほど、スキルの上達が早いことがわかっています。

　勉強や研究などで、教室での受講やディスカッションよりも、1人の時間を多く取るのと同じです。

③すみやかで有益なフィードバック

　エキスパートは、自分のパフォーマンスが終わるとすぐに熱心にフィードバックを求めます。特に他人の否定的なコメントを求めます。うまくできた部分よりもうまくできなかった部分を知って克服することを望むのです。

④たゆまぬ反省と改良

改善すべきことがわかったら、ストレッチ目標を完全にクリアできるまで何度も何度も繰り返し練習します。

シーンの場合はどうするか？

ミキオが広告プランナーとしてキャリアを積み、一流の広告プロデューサーになるためには「やり抜く力」が必要です。そのためには、次のことを心がける必要があります。

・超一流の広告プロデューサーになるには何年もかかります。よって目標としてはあまり現実感が持てず途中で挫折する可能性が大きいです。大きな目標は、小さな目標の積み重ねによって構成されますから、より現実感のある小さな目標に細分化して、当面はその達成のためだけに集中するべきです。

たとえば、10年めまでに超一流の広告プロデューサーになるという目標を掲げたら、そのための5年めまでの目標、2年めまでの目標、1年めまでの目標、6ヶ月めまでの目標と細分化するのです。

・上司や先輩にこまめに自分の仕事内容を評価してもらい、悪い点についてアドバイスをもらい、自分の悪い点を改善し、それが自然にできるようになりまで繰り返し練習します。

・仕事の経験から感じた自分の改善点についてじっくり考える時間を確保します。集中するために退社後や休日に時間を作るとよい

でしょう。

> ・「やり抜く力」＝「情熱」×「粘り強さ」
> ・明確に定義されたストレッチ目標、完全な集中と努力、
> 　たゆまぬ反復練習が必要！

3 7・2・1の法則

必須度 B

 使う目的 自分の力でキャリアを切り開く

―シーン―

　中小の情報システム会社でシステムエンジニアとして勤務するクミコは入社4年目を迎え、与えられた業務をそつなくこなせるようになった。同じ部署に後輩も入り、もはや若手ではなく、中堅としての道を歩み始める段階に来たと感じている。

　これまで上司や先輩に恵まれ、いろいろと指導をしてもらったが、これからはそうした受身の姿勢ではなく、自分が主体となってキャリアを切り開いていかなければと感じている。

　とはいうものの、仕事も淡々とこなすだけで、漠然と時を過ごしてしまっていることも事実である。「セミナーに参加したり、本を読めば何か変わるかしら」とは思っているが、いまだ実行に移していない。

　これからクミコが自分で成長していくためには何が必要だろうか？

フレームワークの説明

　7・2・1の法則とは、「経験7割、陶酔2割、研修・読書1割」という人材育成の法則のことです。

187

米国の人事コンサルタント会社ロミンガー社の創業者マイケル・M・ロンバルドとロバート・W・アイチンガーが、経営幹部としてリーダーシップをうまく発揮できるようになった人たちに「どのような出来事や機会が役立ったか」を調査しました。

その結果、「各自が自分の仕事経験を通じて職業能力を開発する機会」がもっとも多く、続いて、「上位者や先輩などから仕事上の体験を話してもらったり、観察したり真似したりして学習する機会」が2割あり、「読書や研修などの教育機会を通じた学習」が1割を占めました。

なぜ必要か？

管理職にかかわらず、ビジネスパーソンには何らかの形でリーダーシップを発揮することが求められます。よきリーダーになるためのキャリア形成の指針となるのが7・2・1の法則です。また、7・2・1の法則は経験の重要さを示すものですが、これはリーダーを目指す場合に限らず、キャリア形成全体に言えることです。

人材育成における経験の重要性を唱える松尾睦教授（神戸大学）によれば、育成に優れた上司の特徴は次の6つになります。

①ビジョン明確化

自分が楽しそうに仕事をし、努力をしている姿を行動で示した上で、部下に将来のビジョンを主体的に持ってもらう。

②目標のストレッチ

レベルの違う目標をバランスよく立てさせ、部下本人の能力よりも少し高い目標を立てさせる。

③相談・進捗確認

進捗を報告させる時間をとり、普段から相談しやすい雰囲気を作ることで、問題を抱え込まないようにする。

④自分で考えることを促進

最大限本人に考えさせ、納得させ、自分で解決できるようになってもらう。

⑤ポジティブ・フィードバック

問題点を指摘しても、プロセスの中でよかった点を見つけてほめたり、普段の仕事で成長した点を伝える。

⑥原因分析と改善策の策定

成功・失敗の原因を考えてもらい、どうすれば出来るようになるか、より合理的な方法がなかったかを考えさせる。

一方、部下が自分の成長のために取り組めることは、次のようになります。

・将来なりたい自分を描く

・現状に甘んじず適度に挑戦的な目標を掲げる

・良き相談相手や同じ目標を持つ仲間をつくる

・こまめに上司や先輩に自分の仕事のやり方の良い点・悪い点を
　評価してもらい、アドバイスを得る

・成功や失敗の原因を自分でよく考え、次に活かす

さて、キャリア形成の要因で「研修・読書」が1割しかないというと、研修や読書は必要ないと考えてしまうかもしれません。しかしこれは誤解です。

経験から得た知識を体系的に定着させる、あるいは自分の経験からだけでは得られない別の視点や知識を獲得するためには、研修や読書は大変重要です。また事前に研修や読書によって知識があったほうが、経験で得たことをより適切に解釈することができます。

シーンの場合はどうするか？

シーンの場合、おおよそ次のようなアドバイスが考えられるでしょう。

・努力すれば達成可能（努力しなければ達成できないような）目標を掲げます。システムエンジニアであれば、まずはITに関する技術・知識が浮かびますが、それ以外にも論理的思考力、コミュニケーション力、対人関係能力も考えられるでしょう。

・関係がよい上司や先輩に相談役やコーチになってもらい、自分の仕事についてこまめに報告し、フィードバックを得ます。

・自分の視野を拡げるために、たまには外部のセミナーや研修に参加し、新しい知識を得ます。

・もちろん受身の姿勢だけではなく、自分で経験から得た知識を解釈したり知識を整理したりして、次の仕事に活かします。

・キャリア形成には経験が最も大事だが、教育を受けることで経験をより活かすことができる。
・単に経験すればよいわけではなく、主体的な姿勢が大事！

原因帰属理論

必須度
B

使う目的　失敗を前向きに捉えて成長につなげる

——シーン——

　システム開発会社のコンサルタントであるトモユキは、先日、大きな失敗をしてしまった。クライアント企業からクレームが入り、担当から外れるよう言われてしまったのである。

　コンサルタントはクライアントの状況を把握し、要望を聞いた上で、実現可能な情報システムを提案することが求められる。また、クライアント企業の情報システム部門と現場部門との調整も必要であるし、納期厳守のプレッシャーもある。高い専門性と実行力が求められるのである。

　経験の浅いトモユキは、受身的な対応に終始し、その結果、予定どおりプロジェクトが進行せず、客先の不信感を招いてしまったのである。

　「自分はもともとコンサルタントに向いてないんじゃないか」と思いつめるトモユキに何かアドバイスできないだろうか？

フレームワークの説明

　何かで成功したり失敗したりした時に、その原因を何に求めるかを原因帰属と言います。原因帰属には、内的統制型と外的統制型が

あります。

　内的統制型とは、原因を自分自身（内的要因）に求めるということです。たとえば「自分は能力がないから失敗した」「努力不足だった」「経験が浅いから上手くいかなかった」といった具合です。

　外的統制型とは、原因を自分以外の外的要因に求めるということです。たとえば「上司の指示が悪かった」「悪いお客にあたった」「運が悪かった」といった具合です。

なぜ必要か？

　原因帰属のあり方とモチベーションとは深い関係があり、適切に原因を帰属させることで挫折に強い人間性を育み、人間としての成長を促すことになります。

　まず、一般に外的統制型よりも内的統制型のほうが勉強でも仕事でもスポーツでも成績が良いことが実証されています。成功すれば自分の能力ややってきたことに対する自信になりますし、失敗したときもその原因を振り返り、自分の至らなかったところを強化するためのアクションを講じることができるからです。

　しかしながら内的統制型であれば必ずよいかというとそうではありません。内的統制型でも失敗した時にモチベーションが下がり挫折してしまうタイプと、モチベーションが下がらず挫折しないタイ

プがいます。

　心理学者のワイナーは、自分自身の内的要因を、安定的な要因と変動的な要因に分け、安定的な要因として能力、変動的な要因として努力を挙げました。また外的統制のうち、安定的なものとして課題の困難度を、変動的なものとして運を挙げました。

原因帰属のパターン

		統制の位置	
		内的統制	外的統制
安定性	安定的	能力・適性	課題の困難度
	変動的	努力・スキル・コンディション	運・状況

　能力や適性、素質はなかなか努力では変えられません。中には生まれついてのものもあります。一方、努力やスキル、コンディションは自分の心がけで変えることができます。

　成功した時は、その原因を安定的なものに求めても変動的なものに求めてもどちらでも良いのですが、**失敗した時に努力不足という変動的な要因のせいにする人はモチベーションを維持できるのに対し、能力不足という安定的な要因のせいにする人はモチベーション**

を維持できないとされます。

　なぜなら、失敗した時に、「自分は能力がないんだ」と（自分では簡単には変えられない）安定的な部分のせいにしてしまうと、あきらめるしかないからです。実際に失敗を能力不足のせいにする人は、何か失敗するとすぐに挫折してしまう傾向があります。

　一方、失敗した時に、「自分の努力不足だったから」と（自分で変えられる）変動的な部分のせいにすれば、「次の機会ではもっとがんばろう」と前向きな気持ちになれます。

　事実、失敗を能力不足のせいにする人はモチベーションや成績が低く、失敗を努力不足のせいにする人はモチベーションや成績が高いことが分かっています。

　挫折に弱い人には、原因帰属のクセを直させる必要があります。たとえば「ついてなかった」と何でもかんでも外部要因のせいにする人には、内的な要因のせいにするよう働きかける必要があるでしょう。

　さらに能力など安定的な要因のせいにする人には、「もう少しで上手くいった」と努力不足を意識させるような言葉がけが求められます。つまり改善の余地があることを示すのです。

シーンの場合はどうするか？

　シーンの場合、タカユキは失敗の原因を内部（自分）のうちの安定的な要因である能力・適性に求めてしまいました。これでは落ち込んだままで、経験を次に活かすことができません。

　よって、失敗の原因を変動的な要因である努力やスキル水準に求めるべきです。実際に専門的な知識やスキルを身に付け、経験によってコミュニケーション力を高めれば受身的な対応から脱することができるでしょう。上司や先輩からコンサルタントとして必要な行動を教えてもらうこともできるはずです。

　「今後、同じ失敗を繰り返さないために、自分には何ができるのか」を考えることから始めましょう。

> ・まずは原因を自分自身に求めることが大事！
> ・失敗原因は能力や適性ではなく、努力に求めることで
> 　成長を促すことができる。

計画された偶発性理論

必須度
A

 経験を将来の成長につなげる

──シーン──

　タカユキは、就職活動で希望する会社から内定をもらえず、現在の会社に入社した。特に希望もなく、辞令どおり営業部に配属されて3年が経つ。

　何事も経験ということでこれまで頑張ってきたが、最近、どうも仕事に気が入らない。「このまま営業の仕事をしていてよいのだろうか」と思い悩む日々である。

　自分のこれからのキャリアに不安を感じ、思い切って人材紹介会社のキャリアカウンセラーに相談してみた。

　「まず将来、自分のやりたいことを思い描いてください。それから実現するためには何をすべきか考えるのです」とキャリアカウンセラーは言う。

　いちいちごもっともではあるが、タカユキには「自分のやりたいこと」がよくわからない。悩みは深くなるばかりで、すっかり仕事に力が入らなくなってしまった。

　そんなタカユキに何かアドバイスできることはないだろうか？

フレームワークの説明

　計画された偶発性理論とは、心理学者のクランボルツによって唱えられた「キャリアは思いがけない出来事に左右される」ということを表した理論です。

　心理学者のクランボルツは、学生時代、いくら考えても何を専攻すればよいのか分からず、たまたまテニスを習っていたコーチが心理学の教授だったため心理学を専攻し、その偶然が心理学者としての今の自分につながっているという自身の経験に基づいて、このキャリア理論を打ち立てました。

なぜ必要か？

　世間では、「自分の強みを明らかにし、将来の自分のキャリアを決めて、それに沿って計画的にステップアップしていこう」というキャリア・デザインが大事だとされています。

　しかし、おそらく一般の社会人で、最初の自分の希望どおりに計画的にキャリアを積んでいる人はほとんどいません。現に大卒で入社した人の3割は、入社3年以内で退職し、転職するといわれます。

　そもそも社会経験がほとんどないのに、「どんな仕事がしたいのか」「自分の強みは何か」などわかるはずがありません（30代、40代になっても分からない場合が多いです）。

自分のやりたいことや強みがはっきりしないのに、自己実現のためのキャリア・デザインをしようとすると大変困ったことになります。「今の仕事は本当にやりたいことなのか？」「自分の適性に合ったものなのか？」などと考え出したら、目の前の与えられている仕事に身が入らなくなり，キャリアにプラスになることが何も得られないという無駄な時間を過ごすことになってしまうからです。

　また、変に「自分の道はこれだ！」と早い段階で決め打ちすると、視野を狭くし、自分の成長の可能性を狭めてしまいかねません。

　自分の関心など、これからの長い人生、いくらでも変わります。実際は、たまたまの機会や縁をきっかけに、新しい世界を知り、本当に自分のやりたい仕事が明らかになっていくのです。

　たとえば、たまたま異動した先の仕事が自分の性にあった、偶然知り合った人の話から興味を持った、本屋でふと手にした本の内容に共感したなどといったことをきっかけに、関心や実際の仕事が変わることなどこれからいくらでも起こりえます。

　こうした状況を踏まえ、クランボルツは「現在のような先の見えない不確実な時代には、長期にわたるキャリア・プランを持たないことは、かえって賢明な生き方ではないか」と主張しています。

　やってみたら向いているかどうか分かるし，やっているうちにス

キルや知識が身につき，それが強みになります。それを繰り返しているうちに，強みが増え，その結果，自分が本当にやりたいことが見えてきます。そして強みを蓄えていれば、それだけキャリアの可能性が開かれ、自分が希望する仕事を得るチャンスを捉えることができます。

　偶然の好機をものにするには、それに乗れるだけの力をつけておく必要があります。さらには、偶然の好機が訪れるのを受身で待つだけでなく、積極的に生み出す努力も必要です。そのために必要なスキルとして、次の5つがあります。

　①好奇心
　新たな学習機会を積極的に求めること（後で何が役に立つか分からない）
　②粘り強さ
　つまずいてもすぐに諦めずに頑張り続けること
　③柔軟性
　状況に応じて考え方や行動の取り方を調整し変更すること
　④楽観性
　状況に応じて考え方や行動の取り方を調整し変更すること
　⑤冒険心
　結果が不確かでもリスクを過度に恐れず、とりあえず全力を尽くしてみること

これらは、いわば仕事に対する取り組み姿勢であり、これからどのような仕事に就いても必要になることです。また、今やっている仕事がどのようなものであっても得られるものでもあります。

　偶然の機会をとらえるためには、「何かいい話がないかな」などと単に口を開けて待っていればよいわけではありません。とらえられるだけの能力を養っておく必要があります。

シーンの場合はどうするか？
　シーンの場合、次のようなアドバイスになるでしょう。

　自分のやりたいことが分からないのであれば、とりあえず将来のことは棚上げして、今の仕事に専念すべきです。そうすることによって、知識やノウハウが深まり、意外と自分は今の仕事に適性があることが分かったりするかもしれません。

　少なくとも好奇心、粘り強さ、柔軟性、楽観性、冒険心といった能力を鍛えることはでき、将来自分のやりたことが見つかった時に、それを得る確率を高めることができるでしょう。

　神戸大学の金井教授は、与えられた仕事から何か将来につながるヒントを得るには、最低でも3年くらいは我慢して頑張るように言っています。

「将来がまずあるのではなく，今の積み重ねの延長に将来があり，積み重ね方でキャリアが開かれる」という考え方を大事にしましょう。

> 　自分に合わないからといっていい加減に仕事しているのは時間のムダ！
> 　今を深く生きることで将来のキャリアが開かれる。

経営戦略・マーケティングの フレームワーク

本書は一般のビジネスパーソンの方が日常的に使うもの絞ったフレームワーク集ですが、世の中にはまだ多くのフレームワークが存在します。ここでは、MBA（経営学修士）教育で用いられるような経営戦略、マーケティングに関する著名なフレームワークを挙げておきます。

　これらは、経営者や経営幹部、企画担当者、マーケター、経営コンサルタントであれば必須のものですが、それ以外の一般のビジネスパーソンの方が日常的に用いるものではありません。よって、今後、昇進したり、職種内容が変わったりして、必要が生じた場合に参考にしていただければと思います。

　また、分析の流れはおおよそ次のとおりですが、すべてのフレームワークを使う必要はありません。状況に応じて、いくつかのフレームワークを組み合わせて使用します。

取り上げるフレームワーク (分析の流れ)

戦略策定の流れ

環境分析

外部環境分析
　……PEST分析、5フォースモデル

内部資源分析
　……VRIO分析

外部と内部の総合分析
　……SWOT分析、3C分析

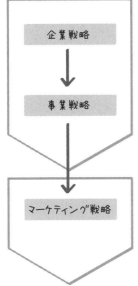

企業戦略

事業戦略

マーケティング戦略

アンゾフの成長ベクトル、
PPM

3つの基本戦略、
バリューチェーン分析、
CFT分析

SPTモデル、
マーケティング・ミックス (4P)、
消費財の分類

経営戦略のフレームワーク

　経営戦略とは、「現状を踏まえたうえで、企業の目的・目標（企業のめざす姿）を達成する手段」のことです。

　経営戦略は階層別に企業戦略、事業戦略、機能別戦略に分類されます。いずれのレベルでも、経営理念や経営ビジョンとの一貫性、戦略レベル間での整合性を保つ必要があります。

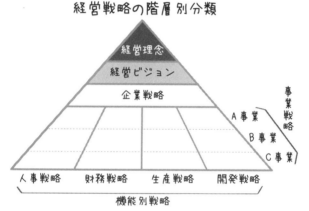

経営戦略の階層別分類

「新版ＭＢＡマネジメント・ブック」グロービス・マネジメント・インスティチュート編著　ダイヤモンド社 p.5

　経営理念：社会における自社の存在意義や果たすべきミッションを普遍的な形で表した基本的な価値観の表明

　経営ビジョン：経営理念をより具体化した「あるべき姿」「到達したい将来像」を示すもの

　企業戦略：複数の事業を営む企業全体レベルの戦略

　事業戦略：単一の事業レベルの戦略

　機能別戦略：事業遂行上の個別機能ごとの戦略。マーケティング

戦略、生産戦略、財務戦略、IT戦略などが該当する。

（1）経営環境の分析

経営戦略を策定するためには、自社にとっての外部環境と内部環境（内部資源）を正しく認識することが最初のステップになります。外部環境分析、内部資源分析、外部環境と内部資源の総合分析の3つがあります。

●外部環境分析

企業にかかわるマクロ環境全体の分析と、各様にかかわるタスク環境（業界環境）の分析を行います。

＜PEST分析＞

企業を取り巻く外部環境についてマクロ的な視点から分析するものです。**政治（political）、経済（economic）、社会（sociological）、**

項目	概要
政治的環境 (Political)	・法規制 ・政治方針
経済的環境 (Economic)	・景気動向 ・株価動向
社会的環境 (Sociological)	・人口動態（例：少子高齢化） ・社会動向（例：女性の社会進出、地球環境保護）
技術的環境 (Technological)	・新技術（例：インターネット関連技術）

技術（technological）の4つについて分析します。

＜5フォースモデル＞

　ハーバード・ビジネススクールの教授であるマイケル・ポーターによる当該企業の各事業活動に対して直接影響を与える要素であるタスク環境について分析するものです。次の5つの観点からその業界が儲かる業界なのかどうかを検討します。

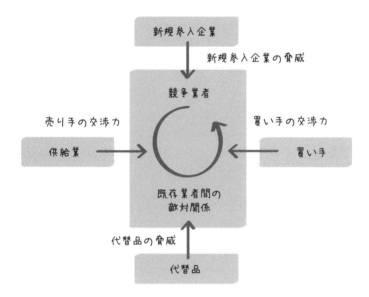

・競争業者間の敵対関係

　何らかの形で同業者間の競争が激しいと価格競争になりがちで業界企業全体が儲からなくなります。

・新規参入企業の脅威

他の業界や進行企業がすぐに業界に参入できるようなら、競争状態が加熱するので、業界企業は儲からなくなります。

・代替品の脅威

代替品とは、同じ機能を持つ別の財（製品・サービス）という意味です。固定電話に対する携帯電話、CDに対する音楽配信サービス、デジカメに対するスマホなどが典型的な代替関係です。代替品が登場すれば、そちらに需要が奪われ、業界企業は儲からなくなります。

・売り手の交渉力

業界企業に部材やサービスなどを供給する業者の力が強いと、業界企業は儲からなくなります。

・買い手の交渉力

買い手とは、ある業界の企業が製品を販売する顧客のことです。買い手の交渉力が強い場合、業界に属する企業の収益性は低くなります。たとえば食品メーカーに対する大手流通チェーンの関係です。

●内部資源分析

自社の内部資源（強み）を客観的に分析します。

＜VRIO分析＞

自社の内部資源が中長期的にも「強み」となり得るかを分析

するものです。「**価値（Value）**」、「**希少性（Rarity）**」、「**模倣可能性（Imitability）**」、「**組織（Organization）**」の4つの観点から評価します。たとえば自社の製品開発力が、「顧客にとって価値をもたらすものであり」、「その能力を保有している企業が少なく」、「容易に他社がまねできないものであり」、「その能力が組織全体で活用できるものであれば」、大いに強みになります。

＜マッキンゼーの7S＞

　経営戦略の実現可能性を判断したり、組織全体の整合性を図ったりする際のチェックリストです。コンサルティング・ファームのマッキンゼーによって提唱されました。7Sはソフトの4Sとハードの3Sに分かれます。

●外部環境と内部資源の総合分析

　外部環境と内部資源を総合的に分析し、企業としての戦略的な方向性を検討します。

＜SWOT分析（クロスSWOT分析）＞

　企業や事業が直面する外部環境を「**機会（Opportunities）**」と「**脅威（Threats）**」の観点から、内部資源を「**強み（Strengths）**」と「**弱み（Weaknesses）**」の観点から分析・整理するものです。

　戦略の基本は、上図の「（1）強みを生かして機会をつかむ」です。たとえば部品製造業で加工技術力に強みがあり、事業機会として「完成品メーカー側に高精度の部品が求められている」という事実があ

	強み	弱み
機会	（1） 強みを生かして 機会をつかむ	（2） 機会を逸しないように 弱みを克服する
脅威	（3） 脅威からの影響を 最小限にとどめる	（4） 撤退し他に委ねる

れば、「加工技術力を活かして、完成品メーカーからの受注を拡大していく」という方向性になります。

<3C分析>

　SWOT分析と同様、外部環境と内部資源の観点から、企業や事業の方向性を検討するものです。「顧客（customer）」「競合（competitor）」「自社（company）」の3つの観点から市場環境を分析し、市場における重要な成功要因（KFS：Key Factor for Success）を探ります。

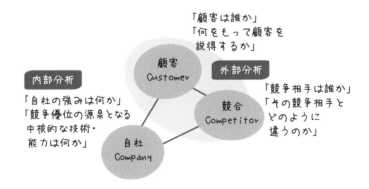

顧客：規模、成長性、ニーズや特徴など
競合：寡占度、市場参入の難易度、既存企業の強み・弱みなど
自社：シェア、技術力、ブランド、イメージ、品質、販売力、収益性、資源など

（2）企業戦略

複数の事業からなる企業全体レベルの戦略を立案します。主なテーマは「事業ポートフォリオ（事業の組み合せ）の選択」、「資源配分（各事業への資源の割り振り）」などです。

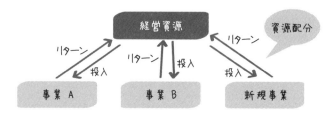

＜アンゾフの成長ベクトル＞

既存事業の枠を超えた成長機会の検討を考える際のフレームワークです。企業が営む事業の範囲を、製品（モノ）と市場範囲（コト）という2つの要素を軸に企業の成長の方向性を検討します。

	既存製品	新製品
既存市場	(1) 市場浸透	(3) 新製品開発
新市場	(2) 新市場拡大	(4) 多角化

・市場浸透戦略

既存市場に既存製品を投入する戦略です。広告宣伝や価格などの
マーケティング要素を有効活用して市場シェアを拡大し、経営目標
の達成を目指します。

・新市場開拓戦略

新規市場に既存製品を投入する戦略です。既存製品を従来未開拓
であった市場（新しい顧客層や地域など）に展開して売上を向上さ
せます。たとえば海外進出や女性用製品を多少アレンジして男性用
に販売することなどです。

・新製品開発戦略

既存市場に新製品を投入する戦略です。新しい機能を付け加えて
今までとは異なる品質の製品を創造する、大きさや色などが異なる
追加機種を開発する、などの方法があります。新機種を追加したり、
デザインを変更したりするなどのモデルチェンジ政策に見られます。

・多角化戦略

新規市場に新製品を投入する戦略です。

＜プロダクト・ポートフォリオ・マネジメント（Product Portfolio Management：PPM）＞

複数の事業間での経営資源の適切な配分を考えるフレームワーク

です。資金を生み出す事業（金のなる木）と投資が必要な事業（問題児・花形）とを区分し、資源（特にカネ）の配分の最適化を図るものです。具体的には市場成長率と相対的市場シェア（トップ企業のシェアを基準にした比率）という2軸でマトリックスをつくり、事業を4つの象限に分類します。

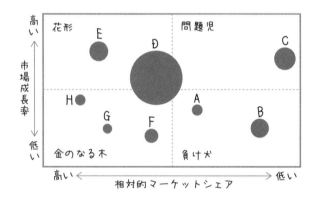

【市場成長率】今後3～5年後の年平均成長率
【相対的マーケットシェア】トップ企業のシェアを基準とした比率
【円の大きさ】売上の大きさを表す

　成長性の高い事業ほど広告宣伝費などマーケティング面などで多くの資金を必要とします。また市場シェアが高いほど、それまでの製品の生産量（累積生産量）が大きいので、生産面での費用逓減効果が働き、低コストで生産できているので、利益率が高くなります。
　以上から理想的な経営資源の配分と事業の組み合せは、次のとおりになります。

・資金源である「金のなる木」から得られた資金で「問題児」の市場シェアを上げたり、「花形」の市場シェアを維持したりする。

・「問題児」から「花形」へ、「花形」から「金のなる木」に移行させる。「金のなる木」から「負け犬」にならないように市場シェアの維持を図る。

・資金源である「金のなる木」をいくつかもったうえで、将来の資金源になる「花形」と、将来「花形」になるべき「問題児」がバランスよく配置されているPPMが望ましい。

(3) 事業戦略

企業戦略で企業全体での方向を定めた後に個々の事業での戦略を策定します。主なテーマは、「各事業での競争優位性の獲得」です。

＜3つの競争戦略＞

マイケル・ポーターによる事業戦略の分類です。先の5フォース

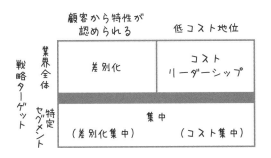

モデルの分析結果にもとづき、5つの圧力に対抗するために3つの基本戦略（コストリーダーシップ戦略・差別化戦略・集中戦略）を展開します。

●コストリーダーシップ戦略

「同業者よりも低いコストを実現する」戦略です。業界内で低コストの地位を占めると、強力な競争要因が現れても平均以上の収益を生むことができたり、同業者からの攻撃をかわすことができたりするようになります。

●差別化戦略

「価格以外の面で、業界の中で特異だと思われる何かを創造しようとする」戦略のことです。たとえば高機能化戦略やブランド戦略がこれに該当します。

●集中戦略

市場の特定の一部（市場セグメント）をターゲットとする戦略です。「特定の買い手、製品の種類、特定の地域市場などに、企業の資源を集中する」戦略であり、コスト集中と差別化集中の2つがあります。

＜バリューチェーン分析＞

同じくマイケル・ポーターによって提唱されました。事業活動を機能ごとに分解し、どの部分（機能）で価値（差別化や低コスト化）

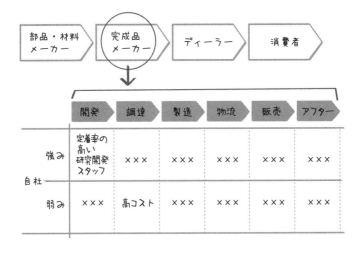

		開発	調達	製造	物流	販売	アフター
自社	強み	定着率の高い研究開発スタッフ	×××	×××	×××	×××	×××
	弱み	×××	高コスト	×××	×××	×××	×××

が生み出されるのか、どの部分に強み・弱みがあるのかを分析するものです。そして、競争優位の源泉を定め、企業全体として顧客に価値が提供できるように活動を連結させていきます。

<CFT分析>

CFT分析とは、「顧客（Customer）」「機能（Function）」「技術（Technology）」の3つの軸を使って事業領域やビジネスモデルを設定するためのものです。

顧客（誰に）：どのような顧客に提供するのか？
機能（何を）：どのような機能（価値）を提供するのか？
技術（どのように）：どのような技術によって提供するのか？

マーケティングのフレームワーク

　経営戦略を策定したら実際に自社製品・サービスを売るための仕組みを構築します（マーケティング戦略）。次のマーケティング・マネジメント・プロセスに沿って行われるのが一般的です。

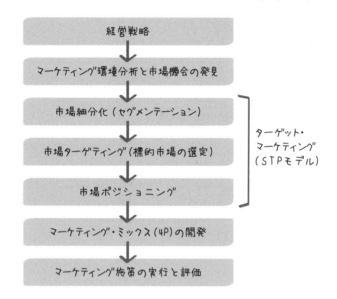

＜STPモデル＞

　市場を細分化し、その細分化された市場の中で最も適切な市場を標的（ターゲット）とし、その標的に対して最も効果的なマーケティング手段を投入していく方法をターゲット・マーケティングと言います。STPモデルはそのための手法です。

市場細分化（segmentation）

⇒全体市場をいくつかの細分化された市場（市場セグメント）に
分ける

市場ターゲティング（targeting）

⇒その中から標的市場を設定する

市場ポジショニング（positioning）

⇒自社の製品・サービスを顧客の意識の中に位置づける（ポジショ
ンを確保する）

＜マーケティング・ミックス（4P）＞

ターゲットとするセグメントに対して働きかけるための具体的な
マーケティング施策の総称のことです。4Pとは、**Product（製品）、
Price（価格）、Place（流通）、Promotion（プロモーション）**の頭
文字をとったもので、整合性をとりながらこれらの最良の組み合わ

マーケティング・ミックスの具体例

製品 (Product)	製品の物的性質・特徴、品質、ブランド、 保証、パッケージ、アフターサービス、 製造・販売する製品の種類
価　格 (Price)	価格政策、価格設定法、価格変更の理由と時期、 マージン設定、値下げ、割引
チャネル・物流 (Place)	流通経路、流通業者の選定、流通業者の評価、 倉庫の数・立地、倉庫の設備、輸送手段、 運送頻度、適正な在庫量
プロモーション (Promotion)	広告目的、広告予算、広告媒体、広告表現、 広告効果測定、販売員の人数、 販売員の教育訓練、販売員の業績評価、 販売促進の種類・展開方法、 パブリシティの目的・対象・実施方法

せを検討します。

＜消費財の分類＞

消費財（個人の消費を目的に提供される製品）は、消費者の購買特性の違いによって、最寄品、買回品、専門品、非探索品に分類されます。それぞれでマーケティング・ミックスの方針や内容が異なります。

マーケティング要因	消費財の種類			
	最寄品	買回品	専門品	非探索品
消費者の購買行動	購買頻度は高い、計画性は少ない、比較や購買に対しての努力は小さい、顧客の関与は小さい	購買頻度は低い、計画性と購買の努力は大きい、価格、品質、スタイルに基づきブランドを比較	強力なブランド選好とロイヤルティ、特別な購買の努力、ブランドの比較に対して小さな努力、価格感応度は低い	製品の認知度や知識は低い（認知していても、関心はほとんどないか、またはマイナス）
価格	低価格	価格は高め	高価格	さまざま
販売方法	幅広く販売、便利な立地	少数の店舗で選択的に販売	商圏ごとに1店ないし少数の店舗で独占販売	さまざま
プロモーション	生産者によるマス・プロモーション	生産者と小売業者による広告と人的販売	生産者と小売業者とによる、慎重にターゲットを絞ったプロモーション	生産者と小売業者による積極的な広告と人的販売
例	食料品や日用雑貨	大型家電、テレビ、家具、衣類	高級腕時計、高級自動車などの贅沢品	生命保険、献血、墓石

（「マーケティング原理　第9版」フィリップ・コトラー／ゲイリー・アームストロング　和田充夫監訳　ダイヤモンド社　p.351）

おわりに

　本書でもいくつか取り上げましたが、ものごとの構造を理解するときには、計算式で考えてみると便利です。私なりにビジネスパーソンのパフォーマンスを計算式で表すと次のようになります。

$$パフォーマンス = \frac{ベクトル}{(仕事の方向性)} \times 能力 \times モチベーション$$

$$※能力 = 経験 \times 業務知識 \times 望ましい性格$$

　このうち本書で取り上げたフレームワークの多くは「ベクトル」に関するものですが、「モチベーション」や「望ましい性格」についてもカバーしています。

　あと足りないものは「経験」と「業務知識」です。こちらはみなさんが置かれている環境に応じて身につけていただくことです。しかしベースとなる「ベクトル」「モチベーション」「望ましい性格」の考え方が身についたのですから、経験から多くのことを学び、業務知識の習得もしやすくなるはずです。

　実は本書で取り上げたフレームワークの多くは、ほとんどのビジネスパーソンが知らないものです。おそらくみなさんの上司や先輩

もほとんど知らないでしょう。30代の初めから経営戦略や組織論、マーケティング論を教えてきた私ですら、40代になる前までは（付録のものを除けば）半分以上知らなかったくらいなのですから。みなさんはかなり有利な立場になったと考えて頂いて結構です。

　本書の企画をこころよく採用していただきアドバイスをいただいた㈱ぱる出版の皆様には、この場を借りて改めてお礼を申し上げます。また企画段階から相談にのっていただいた中小企業診断士の日沖健先生にも大変お世話になりました。

　そしてなにより本書を手に取っていただきお読みいただいた読者の皆様には厚くお礼申し上げます。本書で取り上げたフレームワークを使って充実したキャリアを歩まれることを心から祈念しております。ありがとうございました。

＜参考文献＞

グロービス経営大学院『改訂 3 版 グロービス MBA クリティカル・シンキング』ダイヤモンド社

ダニエル・カーネマン『ファスト＆スロー（上）』早川書房

ロバート・B・チャルディーニ『影響力の武器［第二版］』誠信書房

E.B. ゼックミスタ、J.E. ジョンソン『クリティカルシンキング　入門篇』北大路書房

西村行功『システム・シンキング入門』日本経済新聞社

枝廣淳子、小田理一郎『「システム思考」教本』東洋経済新報社

東秀樹『チームの目標を達成する! PDCA』新星出版社

今村英明『法人営業「力」を鍛える』東洋経済新報社

学習院マネジメント・スクール『買い物客はそのキーワードで手を伸ばす』ダイヤモンド社

恩蔵直人『マーケティングに強くなる』筑摩書房

川上昌直『そのビジネスから「儲け」を生み出す 9 つの質問』日経 BP 社

岩崎博論『機会発見』英治出版

井上達彦『ブラックスワンの経営学』日経 BP 社

加藤昌治『発想法の使い方』日本経済新聞出版社

佐藤智恵『スタンフォードでいちばん人気の授業』幻冬舎

金井壽宏『働くひとのためのキャリア・デザイン』PHP 研究所

鶴光太郎『性格スキル』祥伝社

アンジェラ・ダックワース『やり抜く力 GRIT（グリット）』ダイヤモンド社

グロービス・マネジメント・インスティチュート『新版　MBA マネジメント・ブック』ダイヤモンド社

M.E. ポーター『新訂　競争の戦略』ダイヤモンド社

フィリップ・コトラー / ゲイリー・アームストロング『マーケティング原理　第 9 版』ダイヤモンド社

日沖健『すぐやる、すぐできる人の実践 PDCA』ぱる出版

三枝　元（さえぐさ・げん）
ビジネスフレームワーク収集家、中小企業診断士。早稲田大学政治経済学部経済学科卒。大手メーカーでの法人営業、資格指導校での教材作成と教室講義に従事（中小企業診断士講座）。
2015年に独立後は、企業支援、研修・セミナー講師、ビジネス関連の執筆などを行う。得意分野はビジネスモデル・ビジネスプラン、チームビルディング、モチベーションマネジメント、ロジカルシンキング、交渉術、生産性改善、経済学。
著書に「中小企業診断士のための経済学入門」（同友館）がある。

連絡先：rsb39362@nifty.com

最速2時間でわかるビジネス・フレームワーク

2020年2月12日　　初版発行

著　者	三	枝		元
発行者	常	塚	嘉	明
発行所	株 式 会 社	ぱ る 出 版		

〒160-0011　東京都新宿区若葉1-9-16
03(3353)2835－代表　03(3353)2826－FAX
03(3353)3679－編集
振替　東京 00100-3-131586
印刷・製本　中央精版印刷(株)

ISBN978-4-8272-1219-8 C0034